자각몽,
삶을 깨우는 기술

이 책에 쏟아진 찬사들

"자각몽을 꾸는 법은 물론 그 안에 들어가서 작업하는 법까지
포괄적 이해와 실질적 매뉴얼을 제공하는 책이다.
과학과 신비주의, 불교 경전과 학술 논문 사이의 모든 것이 완벽하게 어우러져 있다."
—Tucker Peck, 임상심리학자, 수면 전문가, 명상 교사

"동서양의 자각몽 기법들을 총망라하고,
그 세계를 탐구하는 사람들에게 꼭 필요한 조언을 해준다.
동양의 방법론을 가미해 자신이 꾸는 꿈들을 해석하고 싶다면 이 책을 꼭 읽기를."
—Robert Waggoner, *Lucid Dreaming* 저자

"이 책은 안락의자 속의 몽상가들을 위한 책이 아니다.
자각몽 세계로 훨씬 잘 안내해 줄 책을 고대했다면 이 책이 딱이다.
서양의 과학과 동양의 지혜를 정확하고 명쾌하게 통합해 낼 뿐 아니라
자각몽 연습에 걸림돌이 되던 것들도 치워준다.
자각몽 탐구자들의 필독서이다."
—Ryan Hurd, *Lucid Dreaming* 공저자, www.dreamstudies.org 설립자

자각몽, 삶을 깨우는 기술 : 자각몽에서 꿈 요가, 그리고 깨달음으로 이끄는 꿈 수련법

2023년 10월 12일 초판 1쇄 발행. 앤드류 홀레첵이 쓰고 이현주가 옮겼으며, 도서출판 샨티에서 박정은이 펴냅니다. 편집은 이홍용과 이강혜가, 표지 및 본문 디자인은 김현진과 고요가 하였으며, 이강혜가 마케팅을 합니다. 제작 진행은 굿에그커뮤니케이션스에서 맡아 하였습니다. 출판사 등록일 및 등록번호는 2003. 2. 11. 제2017-000092호이고, 주소는 서울시 은평구 은평로 3길 34-2, 전화는 (02) 3143-6360, 팩스는 (02) 6455-6367, 이메일은 shantibooks@naver.com입니다. 이 책의 ISBN은 979-11-92604-15-2 03180이고, 정가는 17,000원입니다.

자각몽,

삶을
깨우는
기술

앤드류 홀레첵 지음
이현주 옮김

자각몽에서
꿈 요가, 그리고
깨달음으로 이끄는
꿈 수련법

【샨티】

로즈, 버네사, 그리고 테일러,

이들 세 세대의 사랑에 이 책을 바칩니다.

차례

**제1부
왜
자각몽이
중요한가?**

제2부
자각몽을
꾸는 법

제2부
**자각몽을
꾸는 법**

**제3부
자각몽으로
무엇을
할 것인가?**

들어가는 말

독특한 형태의 이 야간 학교에 오신 걸 환영한다. 자기가 지금 꿈꾸고 있는 줄 알면서 꾸는 '자각몽lucid dream'(맑은 꿈*)은 그 잠재력 면에서 타의 추종을 불허하는 고등 교육을 우리에게 제공한다. 사람은 보통 매일 밤 두 시간쯤, 그러니까 1년에 720시간쯤 꿈을 꾼다. 이는 평균 수명의 6년 정도를 차지하는 셈이다. 그만큼의 가외 시간에 무엇을 배운다면 얼마나 많이 배울 수 있겠는지 상상해 보라.

당신이 고등 교육에는 별 관심 없고 그저 꿈 속에서 더 많은 재미를 보고 싶다면, 그렇다면 진짜 특별 나이트클럽에 잘 오셨다. 환영한다. 자각몽을 꾸는 것은 다른 기술과 마찬가지로 중립적이다. 당신이

---

* 많은 사람들이 익숙한 대로 'lucid dream'을 '자각몽'으로 옮겼지만, '꿈인 줄 알면서 꾸는 꿈'이라는 의미를 더 살리고, 나아가 이 책의 주제라 할 '맑게 깨어 있음ucidity'의 의미를 살린다는 면에서는 '맑은 꿈'이라는 순수한 우리말로 옮겨도 좋겠다. 이 책에서는 대부분 '자각몽'으로 번역하였지만, 문맥에 따라 몇 군데서 '맑은 꿈'이라고 옮기고 괄호 안에 '자각몽'이라고 병기하였음을 밝혀둔다. ─옮긴이.

원하는 대로 할 수 있다. 앞으로 이 책에서 보게 되겠지만 당신의 엉뚱한 판타지를 실현하는 데 이 꿈을 이용할 수도 있다. 자각몽 안에서 당신은 작가, 프로듀서, 디렉터가 될 수도 있고, 당신이 만든 아카데미 수상 영화의 주인공 배우가 될 수도 있다. 꿈에 섹스하고, 페라리로 프랑스 리비에라Riviera(프랑스 남부의 지중해 연안 지역—옮긴이)를 달리고, 전투기를 타고 그랜드 캐년을 질주할 수도 있다. 자각몽 안에서 당신 마음이 현실로 되는 데 한계가 있다면 그것은 다만 당신 상상력의 문제일 뿐이다.

☾ 내 이야기

나는 40년 넘도록 가능한 모든 스펙트럼을 섭렵하며 이 꿈 기술을 연습해 왔다. 그러면서 동서양의 뛰어난 권위자들과 수많은 연구를 함께하는 행운을 누릴 수 있었다. 학술적 연구에 참가하기도 했고, 인지신경과학자들과 공동 연구를 수행하기도 했다. '미국 수면의학회 American Academy of Sleep Medicine' 멤버로서 수면의 임상적 측면에 대해서도 연구하고 있다. 하지만 나의 최고의 훈련은 3년 동안의 엄격한 피정 수련 기간에 이루어졌다. 거기에서 나는 더없이 엄밀한 방법으로 자각몽 꾸기에 몰입했고, 풍성한 결과를 얻을 수 있었다.

어린 시절에 나는 이 특별한 꿈꾸기의 절대 자유를 즐겼다. 어른들이 라스베이거스에서의 밤을 고대하듯이 나는 내 꿈을 고대했다. 모든 것이 순전히 내 마음속에서 남몰래 일어나는 일이었으므로, '라스베이거스'에서 일어난 일은 라스베이거스에 그대로 남아 있었다.

사람은 뭐든지 너무 오래하면 싫증이 나게 되어 있다. 그래서 몇 달 뒤에 나는 자각몽에 단순한 오락거리 말고 더 근사한 무엇이 없을지 알아보고 싶었다. 나는 내 꿈들을 탐닉하는 대신에 그것들로 작업을 시작했다. 그것은 마치 꿈을 활용해서 나 자신에 대해 배우고 낮에 할 수 없던 일을 해보는 가외 시간을 갖는 것과 같았다.

이 깊은 차원의 자각몽 꾸기에서 발견한 획기적인 사실은 '라스베이거스'에서 일어난 일이 더 이상 라스베이거스에 머물러 있지 않다는 것이다. 내가 자각몽에서 얻은 통찰들이 나의 일상을 바꿔놓기 시작했다. 나는 심야 학교에서 얻은 풍성한 꿈 경험들을 집으로 가져오고 있었다. 값진 정보들이 양쪽 방향으로 흐르면서 깨어 있는 상태의 나와 꿈꾸는 상태의 나 모두에게 영향을 끼치고 마침내는 둘 다 바꿔놓기 시작했다. 과학자들은 이것을 '양방향성bidirectionality'이라고 부른다. 이는 꿈꾸는 마음과 깨어 있는 마음 사이에 양방향 도로를 내는 것과 같다. 이 책에서 우리 여정의 주제로 삼는 것이 바로 그것이다. 이 깊은 차원의 자각몽에서 라스베이거스는, 내가 '밴더빌트Vanderbilt'('밴더빌트'는 실제로 미국 테네시 주 내슈빌에 있는 명문 사립 대학의 이름이다-옮긴이)라고 부르는 더 높은 고등 교육의 장으로 바뀐다.

이윽고 나는 자각몽이 영적 변환을 위해서도 활용될 수 있음을 발견하였다. 여기는 무슨 대학원이나 신학교랑 비슷하다. 누구에게나 맞는 데가 아니다. 하지만 깨어 있는 상태의 영적 감각에 관심 있는 사람에게는 자각몽이 '꿈 요가dream yoga'로, 꿈을 이용해 인간의 마음과 현실을 탐구하는 고대의 영성 수련으로 발전할 수 있다. 밴더빌트

16

가 '바티칸'으로, 자각몽 꾸기가 사람을 깨달음으로 인도하는 영성 수련의 장소로 바뀌는 것이다.

오랜 세월을 밤 수련nightly practice으로 보내면서 나는 자각몽의 세계에 무엇이 작용하고 무엇이 작용하지 않는지를 알게 되었다. 꿈 속에서 뭔가 잘못된 게 있다면 내가 잘못을 한 것이고, 막다른 길이 나왔다면 내가 그리로 뛰어든 것이다. 그래도 나는 단단히 마음을 먹었고, 이 수련의 힘에 대해 흔들리지 않는 확신을 품었다. 나는 셀 수 없을 만큼 많이 자각몽을 꾸었고, 이제 그것들을 내 마음대로 유도할 정도가 되었다. 하지만 내가 여러분보다 더 많은 선물을 받았거나 뭔가 더 특별한 건 아니다. 내가 할 수 있다면 누구라도 할 수 있다.

☾ 한 순간의 알아차림

자각몽 꾸기와 관련해 좋은 소식이 있다. 번갯불같이 지나가는 그 짧은 알아차림의 순간, 당신이 그 '안'에 있다는 것이다. 눈 깜박하는 사이에 무언가가 딸깍 하고, 당신은 홀연 "이건 꿈이야!" 하고 깨닫는다. 그 순간 맑지 않은 꿈이 맑은 꿈(자각몽)으로 바뀐다. 어쩌면 평생 맑지 않은 상태로 길을 잃고 '어둠' 가운데 살다가 이런 일이 일어날 수도 있다. 마치 까마득한 세월 캄캄한 동굴에서 어둠에 질식되어 있던 당신이 탁 하고 그은 성냥불 하나로 천만년 어둠을 지워버린 것과 같다.

그 빛을 계속 유지하는 건 다른 문제이다. 그러려면 끈질긴 수련이 필요하다. 정기적으로 자각몽을 꾸는 사람은 자각몽을 꾸기 위해 노력하는 사람이다. 다른 훈련과 마찬가지로 자각몽도 노력한 만큼 결과를 얻게 된다. 장난처럼 취급하면 장난 같은 결과를 얻을 것이고, 전심을 다하면 눈부신 결과를 얻을 것이다. 나는 거기에 내 인생을 걸었고, 지금도 삶을 변화시키는 결실들을 계속 거두는 중이다.

☽ 이 책을 사용하는 법

여러 해 동안 나는 세계 각처에서 자각몽 세미나를 지도하는 행복한 기회를 가졌다. 시행착오와 많은 학생들의 피드백을 통해서 나는 남들을 가르치는 데 있어 무엇이 효과적이고 무엇이 그렇지 않은지도 웬만큼 알게 되었다. 이 책에서 나는 자각몽 꾸기를 터득하는 데 필요한 모든 기술과 요령을 당신에게 나눠줄 것이다. 과학도로서 그리고 평생 명상 수련을 해온 수련자로서, 나는 당신에게 자각몽으로 다가가는 모든 방법을 일러주고자 현대 서양의 지식과 고대 동양의 지혜를 아울러 동원할 참이다.

이 책은 현장 세미나에서 유용했던 포맷을 따른다. 각 장마다 필요한 정보가 제공되고, 우리는 연습과 명상을 통해 그 재료들을 소화시킬 것이다. 장마다 마지막에는 편하게 묻고 답하는 토론이 이어진다. 이 책에서 가장 중요한 부분은 연습과 명상이다. 바로 거기에서 당신은 머리로 얻은 정보를 가슴으로, 마침내 당신 세계로 가져갈 것이다.

이 책이 안내하는 대로 충실하게 연습해 보기를 권한다. 당신이 한

만큼 얻어낼 수 있을 것이다. 경험한 것들을 주어진 공란에 기록해 가다 보면, 당신이 어디까지 왔는지도 알 수 있고 앞으로 더 나아가고 싶은 마음도 들 것이다.

☾ 질문의 힘

소크라테스의 정신에 따르면 질문이 대답보다 중요할 때가 많다. 핵심을 찌르는 질문들로 증인을 솜씨 있게 다루는 변호사처럼, 바른 질문은 사람을 통찰로 이끌 수 있다. 당신이 점과 점을 이어 스스로 통찰을 얻을 때, 당신을 변화시키는 더없이 중요한 발견들이 이루어진다. 바로 그 '아하!'의 순간이 당신을 바꿔놓는 순간이다. 그때 당신 안에 불이 들어오고, 당신은 놀라 소리친다. "이제 알았어!" 그 통찰의 순간을 당신은 잊지 못할 것이다. 당신이 몸소 그것을 보았기 때문이다. 앞으로 이 책 속의 질문들을 통해서 씨가 뿌려질 연습과 묵상과 명상은 바로 그 통찰의 번갯불을 일으키기 위한 것들이다.

맑지 않은 꿈non-lucid dream은 자기가 지금 꿈꾸는 줄을 모르고 꾸는 '캄캄한dark' 꿈이다. 어둠 속에서 꿈꿀 때 당신은 이리저리 넘어지고 길을 잃기도 한다. 맑은 꿈(자각몽)은 자기가 지금 꿈꾸는 줄을 알고 꾸는 '환한' 꿈이다. 이제 당신은 빛 속에서 꿈을 꾸고, 그 꿈을 제어해 자신의 길을 찾아낼 것이다. 다음에 나오는 연습들로 통찰력을 기르는 것은 바로 그 빛을 비출 수 있도록 하기 위한 것이다.

☾ 꿈 일기 쓰기

자각몽 세계에서 성공하려면 꿈 일기 쓰기journaling가 절대로 중요하다. 꿈 일기를 계속 쓰는 것은 당신의 말을 직접 행동으로 옮기는 것이고, 당신의 꿈을 진지하게 대접하는 것이다. 우리는 (이 책에 마련된 공란들에서) 주로 두 가지 방식으로 일기 쓰기를 활용할 것이다. 첫째, 자신의 꿈을 기록한다. 둘째, 그 일기를 책에 나오는 연습 과제에 활용한다. 언제든지 꿈을 적을 수 있도록 이 워크북을 잠자리 곁에 두자. 조금 연습하면 어둠 속에서도 글을 쓸 수 있다. 은은한 불이 켜져서 지면을 밝혀주는 특수 펜을 써도 좋다.

나는 몇 가지 이유로 꿈 내용을 녹음하는 것은 권장하지 않는다. 첫째, 잠자리 곁에 전자 기기를 두는 것은 좋지 않다.(전자 기기를 두지 않는 것이 숙면을 위해서 좋다는 얘기를 뒤에서 하게 될 것이다.) 둘째, 녹음하려고 말을 하다 보면 곧장 꿈에서 깨게 되고, 그러면 꿈이 금방 기억에서 사라질 것이다. 셋째, 아무리 작게 속삭여도 곁에 자는 파트너를 성가시게 할 수 있다. 하지만 사람마다 다를 수는 있다. 만약 녹음하는 것이 자신한테 효과적이라면 그 느낌을 믿고 그렇게 해보라.

꿈을 기록할 때는 날짜와 꿈 제목을 함께 적어둔다. 그러면 어떤 주제의 꿈들을 꾸었는지 찾고 기록하는 데도 도움이 되고, 반복되는 꿈들을 모니터하여 당신이 얼마나 진척을 이루었는지 아는 데도 도움이 될 것이다.

꿈 일기 쓰기가 효과가 있으려면 정직해야 한다. 꿈은 진실을 말한다. 그것을 있는 그대로 정직하게 기록하는 것이 중요하다. 많은 심리

치료사들이 치료 과정에 꿈 작업을 포함시키는 이유가 여기에 있다. 당신이 할 일은 꿈이 보여주는 더 깊은 진실을 기록하는 것이다. 당신이 경험한 꿈의 내용을 편집하지 마라.

꿈 일기는 당신의 내면 풍경을 보여주는 초상화이기도 하다. 다른 모든 사적인 만남들과 마찬가지로 꿈 일기도 당신만 아는 대외비이다. 함께 자는 파트너나 다른 식구들처럼 당신 일기를 읽을 수 있는 사람들에게 당신의 프라이버시를 존중해 달라고 부탁한다. 당신은 앞으로 이 책에 마련된 공란들에 자신을 표현하게 될 텐데 그것 자체로 치유가 일어날 수 있다. 하지만 누가 당신의 일기를 볼지 몰라 염려가 된다면 솔직한 이야기를 쓰는 것이 방해받을 수 있다.

연습 | 자각몽 꾸기에 대한 나의 기대

이 책에서 당신이 기대하는 바를 생각해 보고 여기에 그 내용을 적는다. 이 책에 끌린 이유가 무엇인가? 자각몽으로 무엇을 얻고 싶은가?

_____

_____

_____

_____

_____

자각몽에 대하여 염려되거나 걱정스러운 점 혹은 겁나는 점이 있는
가? 있다면 어떤 점에서 그런가? 무엇이 걱정되는가?

_____

_____

_____

_____

 당신의 희망, 기대, 두려움, 염원의 기준선을 기록해 두면 이 책을
읽어나가는 동안 이것들이 어떻게 변하는지 확인할 수 있다. 거기가
라스베이거스든, 밴더빌트든, 아니면 바티칸이든, 자각몽 꾸기는 상상
을 초월하는 즐거움을 맛보거나 공부를 하거나 변화될 수 있는 눈부
신 목적지로 당신을 데려갈 수 있다. 인생은 짧다. 그만큼 시간은 소
중한 것. 꿈 속에서 어떻게 깨어 있을 것인지 배움으로써 당신은 삶에
깨어날 수 있다. 더없이 이국적인 내면의 목적지로 여행을 떠나, 당신
과 남들에게 고루 유익한 통찰의 보물단지를 가져올 수 있다. 자, 출
발이다.

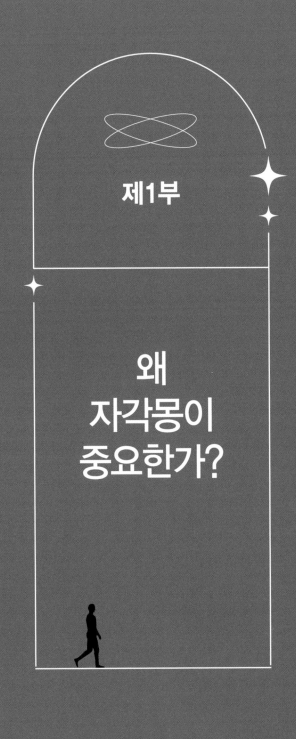

제1부

왜
자각몽이
중요한가?

1. 기본적인 것들

자각몽이 무언지 생소한 사람들이 많겠지만 이는 실은 수천 년 전부터 있어왔다. '자각몽 꾸기lucid dreaming'란 말을 처음 만든 사람은 덴마크의 정신과 의사 프레데릭 반 에덴Frederik van Eden(1860~1932)이다. 서양 문화에서는 자각몽에 관한 언급이 아리스토텔레스(BC 350년경)까지 거슬러 올라가는 데 반해, 동양 전통에서는 자각몽이 고대 역사의 안개에 묻혀 있다. 티베트의 뵌Bön 전통(불교가 들어오기 전부터 존재하던 티베트의 토착 종교-옮긴이)에서는 자각몽 꾸기가 1만 2천 년 전까지 거슬러 올라가고, 힌두교의 성스러운 우파니샤드Upanishads(BC 1000년경)에도 자각몽을 암시하는 말이 자주 나온다. 도교(BC 550년경)에도 수준 높은 자각몽 역사가 기록되어 있고, 붓다Buddha(BC 500년경)가 자각몽을 꾸는 사람이었음을 입증하는 기록도 많이 있다.

당신은 '자각몽'이라는 말을 어디에서 처음 들었는가? 무엇이 당신의 흥미를 자극했는가?

_____

_____

_____

_____

   현대에 이르러 자각몽은 1975년에 영국 헐 대학교Hull University의 심리학자 키스 히언Keith Hearne이 처음으로, 그리고 이어서 1977년에 스탠포드 대학교의 정신생리학자 스티븐 라버지Stephen LaBerge가 과학적으로 입증하면서 세상에 알려지기 시작했다. 최근 들어 자각몽이 과학적으로 점점 더 관심을 끌면서 대중적인 서적들이 쏟아져 나오고 있다.

   전체 인구의 50퍼센트가 넘는 사람들이 평생에 적어도 한 번은 자각몽을 꿀 것이다. 자각몽은 이르면 세 살 무렵에 나타나며, 어린아이들한테서는 좀 더 자연스럽게 나타나다가 십대 후반부터 차츰 줄어든다.

☾ 자각몽이란 무엇인가?

   자각몽에 대한 분명한 정의를 가지고 있다면 이 자각몽을 꾸는 데 도움이 될 것이다. '맑다lucid'라는 단어는 보통 자기 꿈을 알아차리는 것awareness을 의미하는 말로 많이 쓰이는데, 이러한 의미의 'lucid'와 비슷한 말은 많이 있다. 자각몽은 알아차리는 꿈aware dream이다. 꿈을 꾸면서 자기가 꿈꾸고 있음을 안다. '의식적인 꿈conscious dream'도 비슷한 말이다. 자각몽을 '마음 모아 꾸는 꿈mindful dream' 또는 '인식하는 꿈recognized dream'이라고 부를 수도 있다. 꿈꾸면서 자기가 꿈꾸고 있다는 사실에 마음을 모으고 그것을 인식하는 것이다. 자각몽은 어수선하지 않은non-distracted 꿈이기도 하다. 꿈 속에서 자기를 잃어버리거나 그 내용 때문에 어수선해지지 않는다. '알고 있는 꿈cognizant dream'이라는 말을 선호하는 학자들도 있다. 끝으로, 자각몽은 '주목하는 꿈attentive dream'이라고 할 수도 있다. 지금 실제로 일어나는 일에, 자기가 꿈꾸고 있다는 사실에 주목하는 것이다.

반대로, 보통 우리가 꾸는 맑지 않은non-lucid 꿈은 알아차리지 못하는unaware 꿈, 의식하지 못하는unconscious 꿈이다. 마음을 딴 데 두고 꾸는mindless 꿈, 어수선한distracted 꿈, 인식되지 않는unrecognized 꿈, 주목하지 않는inattentive 꿈이다. 이런 비슷한 말과 반대말에는 상당히 중요한 의미가 있다. 우리가 왜 맑지 않은 꿈들을 많이 꾸는지, 맑게 깨어 있으려면 어떻게 해야 하는지에 대한 힌트를 주기 때문이다. 달리 말해서 그것들은 우리에게 '맑게 깨어 있음lucidity'이 우리가 수련해서 얻을 수 있는 무엇임을 암시해 준다. 우리는 간단한 연습을 통해서 인식 능력을 키울 수 있다. 우리는 마음 모으기를 수련할 수 있다. 어수선하지 않게 일할 수 있다. 우리는 좀 더 주목할 수 있다. 매사에 더 잘 알아차리고 의식을 더 키워주는 명상에 들어갈 수 있다. 그렇게 해서 자연스럽게 맑은 꿈(자각몽)을 꾸는 자기를 보게 될 것이다.

자각몽을 꾸기 위해서 우리는 몇 가지 마술을 부릴 수도 있다. 하지만 그 기술이란 대개 기계적인 것이다. 그저 원인이 있으므로 결과가 따르는 것뿐이다. 동양에서는 이러한 인과 관계를 카르마karma라고 부른다. 우리는 항상 카르마 또는 인과 관계에 따라서 무엇을 한다. 카르마를 일상적인 말로 바꾸면 '습관habit'이다. 앞으로 우리가 이 책을 통해 할 일은 자신에게 유익한 인과 관계와 습관의 힘을 가동시키는 것이다. 자기도 모르게 맑지 않음을 가져다주는 나쁜 습관을 드러낸 뒤, 그것을 맑게 깨어 있음을 불러오는 좋은 습관으로 대체하는 것이다. 자각몽 꾸기는 이 '드러내고 대체하기reveal and replace' 전략의 자연스러운 결실이다.

항상 수련하기

자각몽 꾸기의 비슷한 말과 반대말이 중요한 이유가 하나 더 있다. 이 말들이 우리가 알든 모르든 항상 수련하고 있다는, 깜짝 놀랄 정도로 소박한 발견으로 우리를 이끌어주기 때문이다. 우리는 언제 어디서나 맑은 행동 아니면 맑지 않은 행동을 한다. 자기가 하는 일을 알아차리거나 알아차리지 못한다. 자기 삶에 마음을 모으거나 마음을 딴 데 둔다. 의식적으로 맑게 깨어 있기를 수련하지 않을 때 우리는 기본적으로 맑지 않은 상태에서 습관에 따라 행동하기 수련을 하고 있다. 그러니 맑지 않은 꿈을 그토록 많이 꾸는 것이 하나도 놀랄 일이 아니다.

달리 말해서 우리는 항상 명상하고 있다. '명상'이 티베트어로는 '곰gom'인데, '무엇에 익숙해진다'는 뜻이다. 우리는 언제나 마음 모으기 아니면 마음 딴 데 두기, 어수선하지 않기 아니면 어수선하기, 맑게 깨어 있기 아니면 맑게 깨어 있지 않기에 더 익숙해지고 있는 중이다. 의식적으로 마음 모으기, 어수선하지 않기, 맑게 깨어 있기를 수련하지 않으면 저도 모르게 마음을 딴 데 두기, 어수선하기, 맑게 깨어 있지 않기 상태로 자동으로 돌아간다. 바로 그것이 우리의 습관이다. 실제로 우리는 맑게 깨어 있지 않기를 훈련해 왔고 그것을 날마다 연습하고 있다. 커서 어른이 되어 여러 가지 일로 번잡스러워지면서 어렸을 때는 자연스럽게 꾸던 맑은 꿈(자각몽)을 점점 꾸지 않게 된 까닭이 여기에 있다.

연습 | 내면 들여다보기

이 책을 옆으로 밀쳐두고, 몇 번 심호흡을 한 뒤 몇 분 정도 자기 안을 들여다본다. 명상도 하지 말고, 뭔가를 바꾸려고도 하지 말고, 보이는 것에 대하여 판단도 코멘트도 하지 말고 그냥 바라본다. 자, 이제 당신 눈에 보이는 것을 적는다.

_____

_____

_____

_____

스스로에게 정직하다면, 당신은 우리 대부분이 보는 것, 즉 생각과 이미지, 감정, 그 밖의 숱한 정신적 행위들이 끊임없이 흐르는 것을 볼 것이다. 한 생각이 다음 생각을 끌어오고, 뒷생각의 범퍼가 앞생각을 밀어내는 현대인의 머릿속 교통 혼잡을 말이다.

이제 몇 분 동안 앞에 있는 대상을 바라본다. 그게 뭐든지 상관없다. 자신도 몰래 그 대상에서 다른 생각이나 공상으로 넘어가기까지 시간이 얼마나 걸리는가? 2~3초? 30초? 그 이상? 1분? 혹은 그 이상?

몇 초도 안 돼 당신 마음이 그 대상을 떠나더라도 걱정하지 마라. 우리 대부분이 그러고 있다. 마음 딴 데 두기 연습을 열심히 한 결과이다. 우리는 어수선하고 맑게 깨어 있지 않는 데 선수들이다. 틈만 나면 그렇게 연습한 덕분이다. 좋은 소식은 자기가 그러고 있다는 사실을 알아차리는 순간 벌써 맑게 깨어 있기 수련에 들어간다는 것이다. 이제 당신은 전에 알아차리지 못하던 무엇을 알아차리고 있다. 우리가 우리 꿈으로 하려는 게 바로 이것이다. 전에 모르고 넘어갔던 꿈에 대하여 알아차리는 것, 혹은 맑게 깨어 있는 것 말이다.

맑게 깨어 있기의 스펙트럼

자각몽 꾸기는 전부 아니면 전무인 어떤 것이 아니다. 당신은 꿈 속으로 막 들어가거나 나올 때 또는 악몽에서 깜짝 깨어날 때 어렴풋이 자각몽을 꿀 수 있다. 뭔가가 당신을 일깨우는 것이다. '잠깐! 이건 악몽이야. 여기서 깨어날 수 있어!' 스펙트럼의 반대쪽 끝에 아주 맑은 꿈hyperlucid dream(초자각몽), 실제 현실보다 훨씬 리얼하게 느껴지는 꿈이 있다.

당신은 꿈 속에서 잠깐이라도 맑게 깨어본 적이 있는가? 선명한clear 꿈 혹은 오래 지속된 맑지 않은 꿈들은? 당신에게 진정으로 영향을 끼친 꿈들 또는 꿈의 세계를 깊이 탐색하도록 이끈 꿈들이 있으면 적어보라.

꿈의 길이

당신은 아주 짧게 맑은 '토막 꿈dreamlet'들을 꿀 수 있다. 막 잠들 때 그런 꿈들을 몇 초 동안 꾸는 경우가 많은데, 그런 토막 꿈들을 활용해 맑게 깨어 있기를 탐색할 수 있다. 그런 토막 꿈들을 꾼 경험을 아래에 적어본다. 그런 꿈을 꾼 적이 없으면 없다고 적는다. 이것이 당신 꿈 세계의 기준치를 만드는 데 도움이 될 것이다.

이 스펙트럼의 반대쪽 끝에 한 시간 이상 지속되는 자각몽이 있다. 이것이 바로 당신이 꿈의 세계에서 무언가를 완성하는 때이다. 나는 세미나에 참석한 뮤지션들로부터 자각몽 속에서 자신의 곡 전체가 완성되었다는 말들을 듣곤 했다. 설령 맑지 않은 꿈이라 해도 오랫동안

지속된 꿈을 꾼 적이 있는가? 맑거나 맑지 않거나 간에 당신이 꾼 꿈들 중 가장 오래 꾼 꿈은 어떤 것인가?

_____

_____

_____

꿈의 강도

한 시간이나 지속되는 초자각몽들은 판을 바꾸어놓는다. 당신 인생을 바꾸기 위해서는 이런 특별한 꿈을 하나라도 꾸어야 한다. 나는 임사체험을 해본 적은 없지만, 이런 기념비적인 꿈들의 영향이 임사체험의 그것과 비슷하지 않을까 짐작한다. 나는 그런 꿈을 여러 번 꾸는 복을 누렸고, 그때마다 뭔가 변화된 느낌으로 깨어났다. 우리는 "침대 발치에서 눈을 뜨면" 그날 하루 안 좋은 영향을 미친다는 말을 자주 한다. 길게 이어지는 초자각몽들은 침대에 바로 누운 채로 눈을 뜨게 하고, 평생 동안 우리 삶에 긍정적인 영향을 미칠 수 있다.

돌이켜 생각해 보자. 긍정적이든 부정적이든 그날 하루 내내 영향을 미친 꿈을 꾼 적이 있는가? 그런 일이 얼마나 자주 일어나는가? 당신 일생에 영향을 미친 꿈은?

_____

_____

_____

_____

꿈의 기억

자각몽을 꾸었는데 기억나지 않거나 며칠 뒤에 기억하는 경우도 있을 수 있다.(이는 철학자들이 말하는 '현상 의식phenomenal consciousness' 대 '근접 의식access consciousness'의 차이이다. 당신은 무엇을 그대로 보고할 수는 없어도 그것을 잠재적으로 의식할 수는 있다.) 한 세미나에서 내가 이런 말을 했더니, 학생 한 명이 나중에 와서 자기한테 그런 '아하!' 순간이 있었다고 말했다. 연습을 별로 하지 않는데 신기하게도 낮 수련이 잘돼 그 까닭이 궁금했는데, 내 말을 들으면서 자기가 그 과제를 밤에 꿈속에서 연습하고 있었다는 게 뒤늦게 기억났다는 것이다. 그렇게 꿈에 뿌린 씨의 열매를 낮에 거둔 것이다.

연습	꿈나라로 들어가기

우리는 보통 맑지 않은 상태로, 그러니까 깨어 있는 마음이 어떻게 잠드는지에 아무 관심도 없고 그에 대해 아무것도 모른 상태로 침대에 눕는다. 자각몽은 좀 더 마음을 모아 잠자리에 드는 데서부터 비롯된다. 자각몽으로 들어가는 첫 번째 작업은 자신이 어떻게 잠드는지 궁금히 여기면서 베개를 베는 것이다. 깨어 있는 상태에서 잠든 상태로 옮겨가는 그 사이 공간에 주의를 집중하면 전에 보지 못하던 것을 보게 될 것이다. 이것이 자각몽 꾸기를 위해 깨어 있으면서 하는 첫 번째 연습이다. 다음에 잠들 때 그 사이 공간에서 경험하는 것을 기록한다. 날짜 적는 것도 잊지 않는다. 다시 말하건대 그것이 당

신 '꿈 그래프'의 기준선을 만드는 데 도움이 될 것이다.

• 당신은 그냥 쓰러져 잠에 드는가?

_____

• 누워 있을 때 생각이나 걱정거리가 커지는가?

_____

• 잠이 막 들려고 할 때 생각과 생각 사이에 어떤 틈이 보이는가?

_____

• 잠에 들 때 생각이나 느낌 등 무언가 알아차려지는 것이 있는가?
아무것도 없으면 그렇다고 쓴다.

_____

_____

_____

양방향성

자각몽 꾸기는 의식적인 마음이 무의식적인 마음과 직접 접속하는 좋은 기회이다. 자각몽 수련의 열쇠 가운데 하나는 낮 시간을 이용해 밤을 준비하는 것이다. 낮 시간에 하는 연습의 본질은 밤에 하는 경험들에 긍정적인 효과를 미치는 데 있다.

당신이 낮 동안에 하는 일은 이미 당신이 어떻게 잠들고 어떻게 꿈

꿀 것인지에 영향을 미치고 있다. 스트레스를 받은 상태로 잠들면 스트레스로 가득 찬 꿈을 꾸기 쉽다. 당신의 낮이 당신의 잠과 꿈에 어떤 영향을 미쳤는지 적어본다.

반대로 당신이 낮 시간을 평화로운 마음으로 보낸다면 평화로운 꿈을 꾸게 될 것이다. 그런 경험을 해본 적이 있는가?

이 책 속의 '연습'들을 통해 당신은 당신 삶에서 이미 일어나고 있는 과정을 드러내 그것을 미세하게 조정하게 된다. 이것은 '드러내고 대체하기' 전략의 한 예이다. 이제부터 우리는 밤에 당신 꿈 속에 불쑥 나타나 당신이 꿈꾸고 있음을 알려줄 팝업 창들을 설치하는 작업을 낮 시간 동안 할 것이다. 달리 말하면 이제껏 제한되었던 영토, 꿈을 꾸는 무의식적 마음 속으로 들어가기 위하여 의식적인 낮 수련을 할 거라는 말이다. 낮 수련의 결과는 이런 식으로 작동한다. 즉 밤에 당신이 맑지 않은 꿈을 꾸는데 갑자기 뭔가가 나타나서는 당신이 낮 동안 마음속에 심어놓은 "이봐, 이건 꿈이야!"라는 말을 상기시키는 것이다. 그 순간 당신은 맑게 깨어 있는 상태가 된다.

하지만 양방향성의 원리에 따라서 우리는 밤에 일어나는 것들을 이용해 낮을 바꿀 수도 있다. 맑게 깨어 있는 꿈으로 맑게 깨어 있는 삶을 이끄는 것이다. 자각몽 꾸기는 우리의 낮과 밤 사이에 양방향 도로를 개설하는 것이다. 꿈에서 얻은 통찰들을 사용해 우리의 의식적인 마음 속을 해킹할 수 있다는 얘기다. 말하자면 이런 식이다. 당신이 낮에 평상시처럼 일을 하고 있는데 갑자기 꿈에서 본 무언가가 불쑥 나타나서는 새로운 통찰이나 영감을 건네주는 것이다. 내 경험으로는 나에게 그것이 필요할 때 그런 일이 일어난다. 예컨대 어떤 친구와 힘들게 얘기를 나누고 있는데, 그때 자각몽에서 얻은 깨달음이 갑자기 떠오르면서 너무 심각하게 굴지 말고 가볍게 넘어가라는 마음이들 수 있다. 혹은 무슨 일로 겁을 내고 있는데 자각몽에서 들었던 말이 불쑥 마음속에 떠오르며 용기를 줄 수도 있다. 이러한 양방향성은 우리가 앞으로 논할 수많은 이득들의 기반이 된다.

당신이 알든 모르든 이 첫 장의 연습들을 해봄으로써 당신은 이미 깨어 있는 마음과 꿈꾸는 마음 사이에 직통선을 개설하기 시작했다. 이것은 은밀한 형태의 협력인 셈인데, 여기에서 눈에 보이는 것보다 훨씬 많은 일들이 이루어진다.

이 직통선을 개설하면 당신은 악순환의 피드백 고리를 선순환의 고리로 대체하고, 당신이 깨달은 것들이 앞뒤로 흐르며 양쪽 모두를 돕게끔 할 수 있다. 당신은 이제 의식의 양면에서 이화수분異花受粉(암술이 한 나무의 다른 꽃이나 다른 나무의 꽃에서 꽃가루를 받아 열매나 씨를 맺는 일—옮긴이)하면서 그 열매를 거두게 된다.

질문과 답변

● 누구나 자각몽 꾸기를 배울 수 있나?

　그렇다, 누구든지 꿈을 꾸는 사람이면 꿈 속에서 '깨어날' 수 있다. 우리는 보통 하룻밤에 대여섯 차례 꿈을 꾸는데 그중 어떤 꿈이라도 자각몽이 될 수 있다. 그러니 기회는 얼마든지 있다. 어느 정도의 결심과 끈기 그리고 유머에다 이 책이 제공하는 방법을 보태면 누구나 가능하다.

● 남보다 자각몽을 더 잘 꾸는 사람이 있나?

　여느 수련법과 마찬가지로 이것도 그런 꿈을 더 잘 꾸는 사람이 있는 것 같다. 연구 결과에 따르면 공간 방향 감각spatial orientation이 있는, 그러니까 주변 환경에 맞게 몸의 방향이나 자세를 잘 적응시키는 사람들이 자각몽을 더 잘 꾼다고 한다. 꿈 연구가들인 조 데인Joe Dane 과 로버트 반 드 캐슬Robert Van de Castle은 "모험심이 있고 미지의 세계를 탐험하고 싶어 하는 호기심 많은 사람들이 자각몽 꾸기에 소질이 있다"[1]는 사실을 알아냈다.

● 자각몽 꾸기에 금기시되는 것이나 자각몽 꾸기를 해서는 안 되는 사람들이 있는가?

　일반적으로 자각몽은 아주 안전하다. 우리 마음이 본질적으로 안전하기 때문이다. 하지만 무엇이든지, 본래 건강한 것조차도 남용될 수 있는 법이다. 맑은 공기를 숨 쉬는 건 건강에 좋지만 과호흡을 하지 않는 한도 내에서 그렇다. 깨끗한 물을 마시는 건 건강에 좋지만 너무 지나치게 마시지 않는 한도 내에서 그렇다. 자각몽도 남용될 수 있다. 도피 성향이나 분열증 성향이 있는 사람은 자각몽 꾸기로 그 성향이 더 악화될 수 있다. 당신이 정서적으로나 정신적으로 불안하다면 또는 전문가의 정신 치료를 받고 있다면, 자각몽 꾸기를 시작하기 전에 그런 점들을 체크할 필요가 있다. 나는 수천 명에게 자각몽 꾸기를 가르쳤지만 이 수련 때문에 문제가 발생한 사람은 하나도 보지 못했다. 자신의 동기를 파악하고 상식을 따르라. 무엇에 관해서든 전문가에게 조언 청하기를 부끄러워하지 마라. 그리고 당신의 직관을 신뢰하라. 당신한테 이것이 옳지 않겠다 싶으면 하지 마라.

◉ 나는 소중한 잠이 방해받지 않을까 겁난다. 자각몽이 수면에 방해가 되지는 않는가?

올바른 방식으로 꾼다면 수면을 방해하지 않는다. 우리는 깊은 숙면을 마친 뒤인 깨기 직전 한 시간 동안 대부분의 꿈을 꾼다. 일반적으로 사람들은 자각몽 꾸기로 에너지를 잃는 게 아니라 얻는다. 나는 자각몽을 꾸고 나서 새로운 기운을 얻고 상쾌한 기분을 느낀 적이 많다. 실제로 그것들이 나를 활기차게 해준다. '깨었다 다시 잠들기' 같은 기술도 있는데, 이런 기술은 정상적인 수면을 방해하므로 주말이나 마음 놓고 잠을 잘 수 있을 때 사용하는 게 좋다.

◉ 자각몽을 꿀 때 그 사람에게 무슨 일이 일어나는가?

밖에서 보면 아무 일도 일어나지 않는다. 그냥 잠자는 사람이 꿈을 꿀 뿐이다. 꿈꾸는 사람 처지에서 보면 무슨 일이든지 일어날 수 있다. 그래서 자각몽이 그토록 흥미로운 것이다. 꿈꾸면서 명료하고 안정된 상태를 유지할 수 있다면 실질적으로 뭐든지 할 수 있다. 불가능한 것이 없다. 자각몽 속에서 당신은 우주 끝까지도 날아오를 수 있다. 자각몽 속에서는 마음(생각)이 그대로 현실이다.(꿈이 다른 무엇으로 만들어지겠는가?) 그러므로 당신이 무엇을 상상하든 그대로 이루어진다. 앞으로 우리는 자각몽을 꾸는 사람들 대부분이 무엇을 시도하는지, 꿈 요가 같은 명상이 당신을 어디로 초대하는지 탐색하게 될 것이다. 기막히게 놀라울 것이다.

● 꿈 해석과 자각몽 사이에 맞물리는 지점이 있는가?

자각몽은 꿈 작업에서 독특한 영역을 차지한다. 자각몽을 꾼다는 것은 꿈 속에서 의식적이 된다는 뜻이다. 꿈 해석은 가치 있고 권장할 만한 작업이지만(나도 정규적으로 이 작업을 한다), 자각몽 꾸기가 관심 갖는 건 꿈의 내용이 아니다. 마치 명상하는 사람이 명상 중에 마음속에서 무엇이 일어나는지 그 내용에 관심 갖지 않는 것과 같다. 명상은 일어나는 일들과의 관계를 어떻게 바꿀 것인지에 관심을 갖는다. 꿈 해석 작업은 꿈을 좀 더 존중하도록 하는 데, 또 자각몽을 더 잘 꿀 수 있는 태도를 계발하는 데 도움이 될 수 있다. 꿈 해석 작업은 또한 꿈을 기억하고, 꿈의 세계에 더 민감해지도록, 그리고 꿈의 힘에 자신을 열어놓도록 도와줄 수도 있다. 하지만 자각몽 꾸기와 꿈 해석은 서로 별개이다.

● 어떤 사람들이 자각몽에 흥미를 보이는가?

세계 곳곳에서 개최한 세미나에서, 또 대중 매체나 인터넷을 통한 피드백에서 참으로 다양한 사람들이 폭 넓은 관심을 보인다는 사실을 알 수 있었다. 몇 가지 일반화해서 말하면, 밀레니얼 세대(1980년대 초반~2000년대 초반 사이에 출생한 세대—옮긴이)와 X세대(1960년대 후반~1970년대 후반 사이에 출생한 세대—옮긴이)는 자각몽의 힙한 측면hip nature에 끌리는 경우들이 종종 있다. 그들은 이것을 하나의 정교한 정신적 비디오 게임 정도로 여기기도 한다. 베이비부머 세대(제2차 세계대전 후~1960년대에 걸쳐서 태어난 세대—옮긴이) 중에는 그것을 흥미로운 오락거리로 여기는 사람들도 있지만, 대부분은 그것으로 무언가를 배울 수 있다는 데 매력을 느낀다.

나이 든 세대는 자각몽의 심리적 계발 가능성에 사로잡히는 경향이 있으며, 그 영적인 잠재력에 갈수록 더 흥미를 느낀다. 신세대들 또한 그것의 영적인 면을 좋아하며, 자각몽 꾸기가 죽음에 어떤 도움을 줄 수 있을지에 관심을 가진 사람들도 있다. 간혹 사업하는 사람이나 학구적인 사람, 경쟁에서 이기고 싶은 사람도 관심을 보이고, 인간의 마음을 연구하는 사람들, 즉 심리학자, 정신과 의사, 신경과학자, 심지어 철학자나 샤먼도 관심을 보인다. 최신 유행하는 것에 호기심이 많으며 자기네 집단에서 맨 처음으로 이걸 하고 싶어 하는 사람들도 있다. 많은 명상가들, 요가 수련자들도 자각몽의 세계로 들어오고 있다. 자각몽 꾸기에 관심 있는 거의 모든 사람은 호기심 많고, 대담하며, 결단력 있고, 열린 마음을 가진 평생 학습자라 할 수 있다. 누구든지 한 번 그것이 주는 이득을 맛보면 진정으로 관심을 갖게 될 것이다.

2. 일반적인 이득

자각몽과 관련해 가장 많이 받는 질문은 이런 것이다. "그래서 뭐하려고? 그러잖아도 사느라 바쁜데, 그게 무슨 이득이 있다는 거지?" 당신은 혹시 그러지 않는가?

_____

_____

40년 넘게 이 특별한 꿈을 탐색해 오면서 나는 그것들에 잠재된 가능성이 얼마나 폭넓고 깊은지 계속 놀라고 있다. 다음 두 장章에서 여러분과 나눌 자각몽의 이득은 너무나 좋아서 믿기 어려울 정도이다. 광범위한 문헌들이 이런 주장을 뒷받침하고, 나와 함께 작업한 수천 명의 학생들이 이를 입증해 준다. 그리고 나 자신의 경험도 이러한 놀라운 결과들을 확인해 준다.

자각몽은 미묘해서 감지하기가 어렵다. 하지만 감지하기 어렵다고 해서 효력이 없는 건 아니다. 생각과 감정은 아주 미묘하지만 우리가 깨어 있는 상태로 살아가는 삶(동양 전통에서 '거친 육체를 입고 살아가는 삶gross lives'이라고 부르는)의 대부분을 지배한다. 실제로 우리가 말하거나 행동하는 모든 것이 미묘한 정신적 충동으로 시작된다. 망망한 바다에서 작은 키 하나가 큰 배의 방향을 결정하듯이, 사소한 생각 하나가 인생의 향방을 좌우한다. 이와 똑같은 힘이 자각몽에 있다. 꿈 하나가 전체 인생의 향방을 바꿔놓을 수 있다.

카오스 이론에서 말하는 나비 효과, 또는 카오스 이론의 용어로 '초기 조건에 대한 민감한 의존성'은, 한 곳에서의 작은 변화가 어떻게 다른 곳에서 거대한 변화를 일으키는지 보여준다. 그 이미지는 바하마에서 나비가 날갯짓으로 공기를 살짝 살랑이게 한 것이 마침내 지구 반대편의 빌딩숲에 거대한 폭풍을 일으킨다는 것이다. 자각몽들이 바로 이와 같은 방식으로 작용한다. 밤에 꾼 꿈이 당신의 낮 생활에 얼마나 큰 영향을 미치는지 아마 당신은 모를 것이다.

이 장과 다음 장에서 당신은 그 엄청난 이득들이 무엇인지 보게 될 것이다. 일상적인 것에서 심오한 것까지, 피상적인 것에서 초자연적인 것까지 자각몽은 모든 사람에게 무엇인가를 준다.

| 연습 | 내 인생의 꿈들 |

잠시 시간을 내어 지금까지 당신 인생에서 꿈들이 한 역할을 돌이켜

보라. 당신 꿈들이 당신에게 무엇을 주었는가? 당신 인생에서 일어난 모종의 일들을 해명해 주는 꿈을 꾼 적이 있는가? 꿈이 문제를 해결해 준 적은? 새로운 방향을 가리켜준 적은? 크게 영향을 미친 꿈들의 목록을 작성해 본다.

자각몽을 꾼 적이 있다면, 그것이 당신을 어떻게 바꿔놓았는가?

꿈의 중요성을 생각하면서 그것들에 귀 기울이고 그것들을 존중하고 기록하며 사람들과 나누는 이 모든 것이 잠에서 깬 상태의 마음과 꿈꾸는 상태의 마음 사이에 대화가 이루어지도록 돕는다. 당신은 이미 밤의 고요 속에서 당신을 기다리는 준비된 이야기꾼, 지혜로운 조언자를 두었다. 당신이 할 일은 당신의 이 깊은 부분이 무엇을 들려주는지 귀 기울이고 그것을 존중하는 게 전부이다. 가장 좋은 메시지와 가장 깊은 비밀은 대개 속삭이는 목소리로 온다.

☽ 자각몽이 그토록 강력한 이유가 무엇인가?

심리학자들은 누구나 무의식적 과정들이 우리의 의식적인 삶을 좌우한다고 말할 것이다. 무대 뒤가 언제나 무대 위에서 일어나는 일을 관장하는 법이다. 당신이 '저 아래'에서 하는 것이 '여기 위'의 의식적인 삶에서 메아리친다. 이는 마치 최면의 변형시키는 힘과 비슷하다. 하지만 한 가지 점에서 크게 다른데, 인구의 5~10퍼센트만이 고도의 최면에 걸릴 수 있는 반면 꿈은 모든 사람이 꾸고, 따라서 누구나 자각몽 꾸기를 연습할 수 있다는 것이다.

자각몽은 경험의 '지각 판들tectonic plates'(판板 모양을 이루어 움직이고 있는 지각의 표층들—옮긴이)과 맞물려 작동한다. 그 지각 판들이 아래로 이동하면 그 충격파들이 깊은 영향을 미칠 수 있다. 이는 좋은 소식이다. 자각몽에 의해 변화되기 위해 계속해서 자각몽을 꾸지 않아도 된다는 의미이기 때문이다.

지혜 전승에 따르면 미묘한subtle 영역 혹은 의식되지 않는 영역이 의식되거나 육체화된 거친gross 상태를 낳는다. 힌두이즘에서는 꿈꾸는 의식dreaming consciousness보다 훨씬 미묘한 잠자는 의식sleeping consciousness을 '원인 의식causal consciousness'이라고 부른다. 그것이 모든 거칠게 짜인 상태들의 기반이다. 이 미묘하지만 바탕이 되는 차원들이 자각몽의 작업 대상이며, 이 차원들이 우리로 하여금 어떻게 이런 비범한 꿈들에 그토록 큰 변형력이 들어 있는지 이해하게 해준다.

☾ 일반적인 이득

다음 장에서 자각몽 꾸기의 구체적인 이득을 알아보기 전에 일반적인 이득 몇 가지를 살펴보기로 하자. 이 장에서 언급할 이득은 몇 가지 부수적인 것들로, 그 자체가 자각몽 꾸기의 정식 과정에 속하지는 않는, 일종의 건강한 부작용이라 할 수 있다. 이 책을 마저 읽고 나면 자각몽 꾸기가 단순히 꿈 속에서 깨어나는 정도가 아니라 그보다 훨씬 큰 어떤 것임을 알게 될 것이다. 그것은 삶에 깨어나는 것이다.

넓은 의미에서 자각몽 꾸기는 환한 방에서 나와 어두운 밤dark night 속으로 걸어 들어가는 것과 같다. 처음에는 아무것도 보이지 않는다. 그러나 계속 눈을 뜨고 기다리면 어둠에 익숙해지면서 늘 거기 있었지만 보이지 않던 것들이 보이기 시작할 것이다. 따라서 자각몽 세계에 처음 발을 들여놓을 때는 보이는 게 별로 없을 수 있다. 그것은 처음에는 어둠 속에 감춰져 보이지 않는다. 하지만 인내심을 가지고 계속 내면의 눈을 뜨고 있으면 마음을 사로잡는 온갖 것들이 나타날 것이다.

연습	나의 꿈 알아가기

이 책을 읽기 시작하면서 당신 꿈에 대해 처음 알게 된 것들을 아래 빈 줄에 적어본다. 달라지기 시작한 것들이 있는가? 당신 꿈들과 새로운 관계를 만들어가고 있는가?

_____

_____

_____

_____

우리는 모두 서로 다르고, 각자 자기만의 방식이 있다. 하지만 그 패턴은 대개 다음과 같다. 당신은 더 많은 꿈들을 보고 기억하기 시작할 것이며, 꿈들은 더 선명해지고 더 오래 지속되며 점점 더 안정될 것이다. 그러면서 당신은 훨씬 더 인상 깊은 꿈들을 꾸기 시작할 것이다. 이 모든 것은 자각몽을 꾸기 전에 일어날 수도 있고, 자각몽을 꾸는 것과 함께 일어날 수도 있다. 당신도 이런 경험을 해보았는가?

_____

_____

좀 더 섬세한 방식으로 잠자는 마음과 관계를 맺기 시작한 만큼, 당신은 실질적인 이득을 꽤 많이 보게 될 것이다. 예컨대 이 밤의 수련이 불면증 치료에 도움을 줄 수 있다. 불면증으로 힘들어하는 많은 사람들이 내 프로그램에 참여해, 수면 사이클(4장에서 다룸)을 제대로 이해하고 밤중에 마음으로 작업하는 방법(8, 9장에서 다룸)을 배움으로써 장애를 기회로 바꿀 수 있었다.

깊이 못 드는 잠

불면증으로 고생하는가? 그렇다면 그 잠 못 드는 시간에 명상을 시도해 본 적이 있는가? 해보았다면 효과가 있던가?

_____

_____

많은 사람들이 시차로 고생한다. 아래 방법을 쓰면, 시차를 없앨 수는 없겠지만 그것을 다르게 이용할 수는 있다. 그것을 입면入眠 상태hypnagogic state(깨어 있기와 잠자기 중간의 선잠 상태)와 출면出眠 상태hypnopompic state(잠에서 깨어나는 상태)를 탐색하는 기회로 삼는 것이다. '히프노스Hypnos'는 그리스 신화에 나오는 '잠의 신'이고, 'gogic'은 '향하다'는 뜻이다. 또 'pompic'은 반대쪽으로 향하는 것으로, 여기서는 잠의 신으로부터 멀어지는 것을 가리킨다.

만약 시차와 씨름하고 있다면, 다른 시간대로 넘어갈 때 당신의 꿈꾸는 마음을 탐색해 본 적이 있는가? 그런 적이 있다면, 그때 무엇을 배웠는가?

_____

_____

_____

많은 사람들이 ① 자각몽 꾸기를 활용한 좋은 수면 습관, ② 자각몽 꾸기를 돕고 마음을 고요하게 해 잠에 잘 들도록 도와주는 명상, ③ 어둠에 대한 두려움을 없애고 무의식적 마음과 거기에서 솟아나오는 꿈들에 대한 걱정의 제거를 통해 잠을 더 잘 자게 되었다고 말한다.

어떤 사람들은 막연히 어둠을 두려워하는데, 그것은 모르는 것에 대한 두려움 때문일 때가 많다. 우리는 빛을 선에, 어둠을 악에 연결시키는 경향이 있다. '어둠'은 무지를 나타내는 암호이며 원치 않는 경험들을 내던지기에 편리한 곳이다. 그러나 이는 어둠에 대한 정당한 태도가 아니다. 어둠은 중립적인 것이다. 그런데 그 검은 구덩이로 우리는 자기가 만든 악마들을 무심코 던져 넣는다. 그래서 아이들이 침대 밑에 괴물이 숨어 있다며 무서워하는 것이 아닐까 싶다. 어른들 중에도 침대 매트리스 끝으로 발이나 팔이 늘어뜨려지면 불편해하는 사람들이 있다. 마음이라는 침대 밑에 무의식의 어둠이 있고, 그 아래에 온갖 원치 않는 것들이 웅크리고 있는 것이다.

저 아래 숨어 있는 당신의 깊은 자아, 바로 그것을 당신이 두려워하는 것일 수 있다. 아래 연습은 이를 탐색할 수 있도록 도와줄 것이다.

연습	어둠에 말 걸기

어둠이 무서운가? 무섭다면 왜 무서운가? 무섭지 않다면 왜 무섭지 않은가?

_____

_____

_____

당신에게 어둠이란 무엇인가? 그것이 어떤 특별한 것을 상징하는가?

_____

_____

어둠을 싫어한다면, 당신이 피하고 있는 그것에 대해 실제로 얼마나
알고 있는가?

_____

_____

　어둠과의 관계를 깊이 생각해 보라. 많은 사람들에게 어둠은 무의
식적인 쓰레기 매립장이다. 우리 가운데는 "눈에서 멀어지면 마음에
서도 멀어진다"는 말처럼, 거절당한 경험들로 어둠을 채워놓고 마음
에서 잊히기를 바라는 사람들도 있다. 그래놓고는 어둠을 두려워한
다. 그들에게 어둠은 보고 싶지 않은 것을 상징하기 때문이다. 결국
어둠은 우리가 거부한 경험들의 쓰레기 더미가 된다. 내면의 어둠과
외부의 어둠이 우리의 가장 깊은 두려움을 숨겨두는 장소로 되는 것
이다. 외부의 어둠에 편안한지 불안한지를 보면 우리가 자기 내면의
어둠을 어떻게 느끼고 있는지 알 수 있다. "눈에서 멀어지면 마음에서
도 멀어진다"는 말은 "눈에서 멀어져 무의식적 마음 속으로 들어간다"
는 말이기도 한데, 이 무의식적 마음에서 꿈들이 생겨나기 때문에 사
람들이 꿈을 겁내는 것이다. 자각몽 꾸기는 일종의 야간등을 밝히는
것으로서, 당신이 이 모든 것을 보고 내면의 두려움에서 벗어나는 것
은 물론 외부 어둠과의 관계까지 바꿀 수 있도록 돕는다.

자각몽은 당신에게 내면의 어둠과 외부의 어둠 간의 관계를 보여주고 그 양쪽 모두를 안전하게 탐색할 수 있도록 해주는데, 그것은 자각몽 꾸기가 빛의 수련practice of light이기 때문이다. '빛'은 알아차림을 위한 암호("빛이 있어라!")이다. 더 잘 알아차리는데 어떻게 더 나아지지 않겠는가?

나는 영적 훈련의 일환으로 전통적인 어둠 수련dark retreat(빛이 전혀 들어오지 않는 공간에서 하는 티베트 불교 족첸 수련법의 하나 ─옮긴이)에 참가한다. 정신을 산만하게 하는 일체의 요소를 제거하고 내면을 깊이 들여다보기 위하여 칠흑같이 캄캄한 움막 속에 들어간다. 움막은 어떤 작은 빛도 들어오지 못하도록 설계되었다. 이는 마치 과학자들이 외딴 산꼭대기에 세운 관측소와 비슷하다. 사방이 완전히 캄캄해지면 천문학자들은 먼 우주의 변두리까지 자세히 들여다보며 전에 보지 못하던 것들을 발견한다.

어둠 수련을 탐구하는 것은 이 책의 범위를 벗어나지만 자각몽과 한 가지 유사한 면이 있다. 움막에 들어갈 때, 빛이 새어 들어오는 아주 작은 구멍까지 다 막으려면 며칠이 걸린다. 그럴 때마다 나는 빛의 힘이 얼마나 강력한지, 바늘 구멍 하나로도 얼마나 넓은 공간을 밝힐 수 있는지 놀라곤 한다. 원인에 비해 결과가 훨씬 크다. 틈만 있으면 어디든지 들어가 사방을 밝힐 수 있는 것이 빛이다.

마찬가지로 자각몽에서 나오는 내면의 빛은 꿈보다 훨씬 많은 것을 밝게 비춰줄 수 있다. 이것이 깨달음을 얻기 위해 늘 자각몽을 꾸지 않아도 되는 또 다른 이유이다. 아주 작은 구멍으로도 내면의 빛은 넓은 내면의 공간을 밝힐 수 있다.

이것들은 자각몽이 주는 일반적 이득 가운데 몇 가지에 지나지 않는다. 분명 당신은 여기에 더 덧붙일 것들이 있을 것이다. 이 책을 읽으면서 찾은 이득들을 아래에 적어본다.

_____

_____

_____

_____

_____

질문과 답변

● 자각몽으로 원인 의식causal consciousness 같은 자신의 더 깊은 차원으로 들어갈 수 있다면, 이는 진정한 내가 누구인지 발견하게 도와줄 수 있다는 말로 들리는데, 맞는가?

그렇다. 하지만 당신이 그 정도 깊이까지 들어가려 할 때만 그렇다. 많은 사람들이 자각몽의 표면에 머물러 있고 싶어 한다. 그것도 좋다. 그런 피상적 수준에서도 많은 이득을 얻을 수 있다. 하지만 더 깊은 데까지 과감히 탐색하고자 한다면 자각몽은, 특히 이것의 더 진전된 형태인 꿈 요가는 당신을 자신의 중심으로 데려갈 수 있다. 자각몽을 통해 밤의 어둠과 무의식적 마음의 어둠을 탐색하는 방법은 많이 있다. 이제 그 가능성들을 보여주고 방향을 제시해 보겠다. 그리고 어떻게 그리로 갈 수 있는지 몇 가지 팁을 준 다음, 당신이 스스로 밖으로 나가도록―아니 이 경우에는 '안으로 들어가도록'―안내하겠다.

◉ 어둠에 대한 두려움, 미지未知에 대한 두려움이 자각몽 꾸기에서 사람들이
겁내는 유일한 것인가?

　무엇보다 먼저 말해둘 것은 대부분 사람들은 겁내지 않는다는 것
이다. 오히려 많은 사람들이 그 가능성에 흥분한다. 하지만 이건 중
요한 질문이다. 이 질문이 우리를 어떤 깊은 성찰과 발견으로 인도하
기 때문이다. 어둠을 겁내는 사람들도 분명 있지만, 빛을―깨어나서
알아차리게 되는 것을―두려워하는 사람들도 있다. 메리앤 윌리엄슨
Marianne Williamson은 "우리의 가장 깊은 두려움은 우리가 부족하다는
것이 아니다. 우리의 가장 깊은 두려움은 우리가 측량할 수 없을 만큼
강하다는 사실이다. 우리를 가장 겁먹게 만드는 것은 어둠이 아니라
빛이다"[2]라고 갈파했다.

　밤의 어둠과 무의식의 심연 속에는 엄청난 힘이 있다. 맑게 깨어 있
기 수련을 통해서 그것을 의식의 빛으로 가져오면 우리는 그 힘을 활
용할 수 있다. 하지만 어떤 사람들은 영적인 의미에서 잠들어 있기를
더 좋아한다. 사실을 직시하기보다 머리를 이불 속에 처박고 있는 것
이다. 알고 싶지 않은 것이다. 이들은 낮 동안의 외부 활동들로 인해
주의가 산만해진 상태, 맑지 않은 상태에 그냥 빠져 지내기를 더 좋아
한다. 괜찮다. 뭐라고 판단할 일은 아니다. 하지만 이는 맑게 깨어 있
기에 대해 말하는 것만으로 뭔가 드러난다는 것을 보여준다. 이런 밤
수련을 통해서 이제까지 전혀 알지 못했던 자신의 모습을 발견하기
시작한다. 잠에 들기도 전에 말이다. 이 책의 많은 독자들이 어쩌면

'늦잠' 때문에 힘들어서 '깨어나는' 데 관심이 있을지 모르겠다. 그런 사람들이 이걸 해보고 잘 깨어난다면 남들도 똑같이 해보고 싶다는 마음이 들 수 있다. 메리앤 윌리엄슨은 또 이렇게 말했다. "우리의 빛(즉 맑게 깨어 있는 상태—인용자)이 빛나도록 놔둘 때 그때 우리는 저도 모르게 남들도 같은 일을 할 수 있도록 만든다."[3]

● 그래서 어떤 사람들은 알아차리기를, 맑게 깨어 있기를 겁내는 것인가?

알아차리는 것awareness이 힘이다. 하지만 아직 그것을 깨치지 못한 사람들이 있다. 그것을 깨칠 때까지는 힘없는 상태로 있으면서 남들이 자기 삶을 통제하도록 허용할 수밖에 없다. 그들은 자기한테 통제력이 있음을 모른다. 그래서 대부분의 낮 시간을 마치 맑지 않은 꿈속에 있는 것처럼 살아간다. 많은 사람들이 깊은 차원에서 저도 모르게 무의식의 힘에 복종하고 깊이 뿌리박힌 습관들에 삶을 내어맡긴 채, '의식적인' 삶의 세계를 마치 몽유병자처럼 걸어 다니고 있다. 바로 이런 잠에서 붓다들buddhas('깨어난 이들awakened ones')이 깨어나는 것이다.

3. 정신적·육체적 그리고 영적인 이득

자각몽 꾸기의 오락적 측면(또는 '라스베이거스' 부분)은 입장료를 지불하고서라도 노력을 기울여볼 가치가 있다. 자각몽은 아이맥스 영화관에 가는 것보다도 낫고, 3D 시네맥스보다도 재미있으며, 가상 현실보다도 매혹적이다. 자각몽 애호가들 가운데는 이 점을 얕보고 이런 오락적 측면에는 별로 얻을 게 없다고 여기는 사람들도 있다. 그러나 오락은 나름대로 제 역할이 있다. 바닷가로 바캉스를 가고 싶은데 그럴 사정이 안 되는가? 자각몽이 그 티켓을 마련해 줄 수 있다. 장애가 있는 사람도 자각몽 속에서는 장애로부터 자유로워질 수 있다. 하반신을 못 쓰는 사람이 달리거나 춤출 수 있고, 시각 장애인이 볼 수 있으며, 귀 어두운 사람이 음악을 감상할 수 있다. 자각몽은 일종의 시간 여행도 될 수 있다. 늙은이가 젊은이로 돌아가기도 한다. 어떤 식으로든 구속을 받거나 제약을 겪고 있더라도 자각몽에서는 자유로워질 수 있다. 당신은 꿈 속에서 어떠한 육체적 한계도 넘어설 수 있다.

내 마음에 오래 남는 〈불안Unrest〉이라는 다큐멘터리가 있는데, 이 영화는 만성피로증후군으로 널리 알려진 근육통증성 뇌척수염의 가공할 결과들을 기록하고 있다. 영화는 몇 년 동안 하루 스물네 시간을 거의 대부분 침대에 누워 지내야 하는 여인의 생활을 담고 있다. 침대에 앉아 있는 것조차도 그녀에게는 엄청나게 피곤한 일이었다. 그 지독한 감방 생활을 견뎌내는 유일한 길은 마음속으로 도피하는 것이었다고 그녀는 말했다. 그런 환자가 자각몽의 수혜를 입는 첫 번째 후보자로 될 수 있다.

오락과 도피의 그늘진 면이라고 하면 물론 현실 도피주의이다. 하지만 나는 그런 부정적 의미에서의 자각몽 중독자는 한 사람도 보지 못했다. 내가 아는 자각몽 애호가들은 대부분 마법의 꿈이 주는 자유도 즐기지만 더 높은 수준의 기회들에 대해서도 알고 있다.

자각몽에 대해 처음 들었을 때 이런 오락적인 면이 당신 마음을 얼마나 끌었는가? 그것이 자각몽에 관심 가진 중요한 이유 중 하나인가?

☾ 리허설

자각몽은 발표나 공연 같은 것을 예행 연습할 때도 많이 이용된다. 당신은 자각몽을 활용함으로써 그것들에 더욱 능숙해지고 자신감이 생기며 걱정이 줄어들 수 있다. 나는 피아니스트로서 자각몽 속에서 전곡을 연습하고 토크를 준비하기도 한다. 내 꿈 속의 연습실이나 공연장에 들어가서 작업을 하는 것이다. 자각몽 꾸기에 타고난 재능이 있는 한 독일인에 관한 유튜브 영상(http://www.dw.com/en/improve-skill-in-dreams/av-38247611)을 보면 이런 말이 진실임을 알 수 있을 것이다. 그 사람은 꿈 속에서의 연습으로 자신의 수영 솜씨와 우쿨렐레 연주 실력을 기르고 있다.

위대한 피아니스트 아르투르 루빈스타인Arthur Rubinstein은 연주할 곡을 마음속으로 연습한 뒤 더 이상의 신체적 리허설 없이 무대에 올라 연주할 수 있었다. 피아노 건반을 한 번도 건드리지 않고 순전히 마음속으로만 그 곡을 익힌 것이다. 스키 선수들도 경기 직전 코스를 따라 머리를 전후좌우로 움직이면서 마음속으로 먼저 스키를 타는 경우가 종종 보인다. 연구 조사에 의하면 실제로 몸을 쓰지 않고 신경을 연결하는 데에는 의식적·의도적인 상상보다 꿈 속의 가상 현실을 이용하는 것이 훨씬 효과가 크다고 한다.

당신이 만약 골프 스윙 자세를 잡거나 기타를 연습하거나 발표를 준비할 시간이 낮 동안 충분치 않다면, 꿈 속에서 맑게 깨어 있는 이른바 '밤 근무'를 시도해 볼 수 있다. 더 좋아졌으면 하는 무엇이 있는가? 있으면 여기에 적고, 꿈 속에서 맑게 깨어나 그것을 연습할 수 있기를 바라보라.

"나는 맑게 깨어 있기를, 그래서 _____

_____

을 더 잘하게 되기를 바란다."

55

☾ 갈등의 해결

사람들과의 관계에서 생긴 문제를 해결하기 위해 상담이나 치료를 받는 경우, 문제가 됐던 그 상대가 꼭 육체적으로 당신 앞에 있지 않아도 된다. 그들은 단지 당신 마음속에만 있으면 된다. 당신은 심리치료사와 함께 역할극을 하면서 상상의 시나리오를 만들어보는 등 효과가 입증된 수많은 방법을 시도할 수 있는데, 그런 방법들에서는 문제의 그 사람이 실제로 거기에 있지 않아도 상관없다. 자각몽에서도 당신을 힘들게 하는 사람이 육체적으로 당신 꿈 속에 존재하지는 않지만 그 사람이 당신 앞에 나타난 것은 분명하다. 그것이면 충분하다. 그의 육체적 몸은 아무 문제도 안 되기 때문이다. 문제는 우리가 그 몸 또는 그 사람과 어떻게 관계 맺을 것이냐에 있다. 관계의 얽힘은 자각몽 속에서 깨끗이 풀릴 수 있다.

자각몽을 이런 치료법으로 이용하면, 일상 생활에서 심리 치료를 받는 것과 마찬가지의 효과를 볼 수 있다. 실생활에서 받는 치료법과 마찬가지로 꿈에서 작업하는 것도 언제나 쉽고 즐거운 것은 아니다. 하지만 그만한 수준의 효과를 거둘 수 있다. 전통적인 꿈 작업 훈련을 받은 치료사와 함께한다면 자각몽 요법이 유용한 보조제가 될 수 있다.

막스 플랑크 연구소Max Planck Institutes의 연구자들은 자각몽을 자주 꾸는 이들의 경우 자기 성찰에 관여하는 뇌의 전전두엽 피질이 훨씬 크다는 사실을 발견했다. 이는 자각몽을 꾸는 이들이 측정 가능한 수준의 알아차림 능력을 발휘하고 있으며, 이 알아차림이 자각몽의 많은 이득 가운데서도 핵심 역할을 한다는 것을 시사한다.

인간 관계에 문제가 있는가? 그렇다면 자각몽으로 그 문제를 해결하고 싶다는 바람을 품어보라. 아래에 해결하고 싶은 문제를 구체적으로 적어본다.

_____

_____

_____

_____

그런 바람을 품을 때 때로는 맑지 않은 꿈을 통해서도 어떤 상황에 어떻게 대처하면 되는지 지혜를 얻을 수 있다. 또 어떤 때는 꿈 속에서 문제를 해결하겠다는 당신의 의도가 자각몽을 꾸게 할 수도 있는데, 이것이 더 알찬 결과를 가져오기도 한다.

☾ 슬픔 다루기

비슷한 맥락에서, 이미 죽은 사람들을 포함해 다른 사람들과 풀지 못한 문제를 깨끗이 정리할 수 있다. 죽음은 육체의 끝이지만 관계의 끝은 아니다. 죽은 사람들―최근에 죽었든 오래 전에 죽었든―을, 특히 그들이 당신과 가까웠다면, 꿈에서 만나는 건 흔한 일이다. 6장에서 다시 보겠지만, 꿈에서 죽은 사람이 나타난 것을 민감하게 알아차리는 것은 꿈 신호dream sign를 이용해 자각몽 꾸기를 유도하는 강력한 방법이다. 꿈 신호는 꿈의 맥락에서만 일어날 수 있는 것들로, 당신이 지금 꿈을 꾸고 있음을 알게 하는 단서가 되어준다. 예를 들어 돌아가신 아버지가 살아서 활동하는 모습으로 나타난다면 당신은 꿈을 꾸고 있는 것이다. 이때 당신은 아버지가 나타난 것을, 당신이 지금 꿈을 꾸고 있다는 신호로 받아들일 수 있고, 그렇게 해서 자각몽 상태가 될 수 있다. 만약 당신이 아버지와 풀지 못한 문제가 있다면 위 '갈등의 해결'에 나온 것과 동일한 원칙을 사용해 자각몽 속에서 그 문제를 풀 수 있다.

처음부터 쉽진 않겠지만, 사랑하는 이의 임박한 죽음에 대해 자각몽을 꾸고 상실감을 느끼며 슬픔을 미리 맛봄으로써 나중에 진짜로 닥친 슬픔을 잘 처리할 수 있다. 이런 꿈들은 또한 어떤 사람도 당연하게 있는 사람 정도로 대해서는 안 된다는 것을 깨닫고 사랑하는 사람과 살아생전 관계를 잘 풀어가도록 도와줄 수 있다. 인생의 덧없음을 묵상할 때 우리는 준열한 역설을 느끼지 않을 수 없다. 어떤 것을 무상함의 시각으로 보는 순간 우리는 그것을 삶 속으로 더욱 온전히 받아들이게 되기 때문이다. 무지개와 꽃이 그토록 특별한 이유가 이것이다. 그것들은 오래가지 않는다. 어떤 것이 영구하지 않음을 알 때 우리는 그것들에 더 감사하게 된다.

먼저 죽은 가족이나 친구들에 대한 꿈을 꾼 적이 있는가? 그 꿈들이 당신을 더 기분 좋게 해주는가, 아니면 더 나쁘게 하는가? 곰곰이 생각해 보고 당신의 기분이 어떤지 여기에 적어본다.

_____

_____

_____

먼저 간 사랑하는 사람을 다시 꿈에서 만나면 맑게 깨어서 그와 대화하고 싶다는 바람을 품어보라. 처음엔 잘 안 되더라도 당신은 지금 장래의 자각몽들을 위한 씨앗을 심기 시작했다. 꿈에서 그들을 다시 만날 수 있다고 생각하면 어떤 느낌이 드는가?

_____

_____

_____

그러고 싶지 않다는 느낌이 들면 그 바람과 그것을 이루려는 노력을 모두 내려놓는다.

☾ 문제 해결

자각몽이 문제 해결에 상당한 효과가 있다는 사실이 밝혀졌다. 문제가 해결되지 않는 것은 우리가 그것에 지나치게 몰두하거나 너무 가까이 붙어 있어서이다. 그것은 마치 자신의 눈꺼풀 안쪽을 보려는 것과 같다. 눈꺼풀 안은 너무 가까워서 볼 수 없다. 이처럼 강렬하고 완전히 몰입하는 것이야말로 맑지 않은 꿈의 특성이다. 우리는 꿈에 지나치게 몰입한 나머지 그것이 단지 꿈이란 걸 알아차리지 못한다. 맑게 깨어 있기는 우리로 하여금 한 걸음 뒤로 물러나서, 전에는 보지 못하던 것들을 볼 수 있게 해준다. 이 새로운 시각 덕분에 맑지 못한 꿈이 맑은 꿈(자각몽)으로 바뀌고, 우리는 깨어 있는 동안에도 계속 그 시각을 유지할 수 있게 된다. 우리는 남이 보지 못하던 것, 자기가 전에 보지 못하던 것을 보게 된다.

한 연구에서는 "맑게 깨어 있는 상태에 이르는 통찰력을 얻기 위하여 사람들은 뻔한 해석에서 한 걸음 물러나 좀 엉뚱하고 믿기 어려운 옵션, 즉 모든 것이 한바탕 꿈일 수 있다는 옵션도 생각하는 것 같다."[4]고 말한다. 꿈 연구가인 클레어 존슨Clare Johnson은 이렇게 썼다. "자각몽의 창조성은 잠에서 깨어난 뒤에도 멈추지 않는 것 같다. 그것은 우리의 깨어 있는 뇌에 그 흔적을 남겨, 일상의 문제를 해결하는 기술, 예술가적 용기, 창의적 사고 과정을 더 향상시켜 준다."[5]

꿈한테 어떤 문제를 해결하도록 도와달라고 청해보았는가? 꿈에서 무슨 통찰을 얻은 적이 있는가? 아래에 당신이 가장 해결하고 싶은 문제를 적어보라. 그리고 이 책을 다 읽은 뒤 당신의 맑지 않은 꿈이나 맑은 꿈 속에서 어떤 통찰이 주어지는지 살펴본다.

_____

_____

_____

_____

☾ 창조성

자각몽은 최고의 시뮬레이터이다. 갈수록 많은 예술가, 작가, 음악가, 혁신가 들이 자각몽 꾸기를 자신의 기술과 기예를 강화하는 방법으로 활용하고 있다. 당신이 상상하는 것이라면 무엇이든 꿈 속의 가상 현실에서 창조할 수 있다. 아인슈타인은 예컨대 광자光子와 경주하면 어떻게 될지를 머릿속으로 그려보는 '사고 실험'을 통해서 수많은 혁명적인 통찰을 얻을 수 있었다. '꿈 실험'은 잠재력이 훨씬 더 크다. 시뮬레이션이 더 강화되기 때문이다.

일반적으로 창조적 충동은 미개발의 천연 자원과도 같은 무의식적 마음에서 일어나는 경우가 많다. 그에 반해 자각몽 속에서는 무의식적 마음과 직접 대면할 수 있고, 따라서 그 창조적 잠재력을 더 직접적으로 활용할 수 있다. 살바도르 달리와 토머스 에디슨은 꿈꾸는 마음과 깨어 있는 마음이 서로 만나도록 하기 위해 비슷한 방법을 고안해 내었다. 그들은 안락의자(또는 그와 비슷한 것)에 기대앉은 채 한 손에 열쇠를 덜렁거리게 들고 그 아래에 접시를 놓아두었다. 그러다 깜빡 졸면 열쇠가 접시 위로 떨어지면서 그들을 깨우곤 했다. 살바도르 달리는 열쇠가 떨어지는 그 짧은 순간의 영감을 스케치하고, 토머스 에디슨은 혁신적인 아이디어를 메모했다. 이들 창조의 달인들은 자신의 의식 속으로 무의식의 풍부한 아이디어들이 쏟아져 나오는 순간을 포착해 냈다.

문학도 꿈꾸는 상태에서 나오는 통찰과 발견으로 가득하다. 문제에 부딪쳤을 때 우리는 "뭘 좀 마시면서 생각해 볼게"라거나 "그것에 대해서는 운동을 좀 해봐야 알겠는걸"이라고 말하지 않는다. 그보다는 "하룻밤 자면서 더 생각해 볼게"라는 식으로 말한다. 자각몽은 당신을 더 잘 듣는 사람으로, 꿈꾸는 마음에 더 민감한 사람으로 만들며, 따라서 창조의 터전에 주파수를 더 잘 맞출 수 있게 해준다. 심리분석학자 쟈닌 샤스게-스미르겔Janine Chasseguet-Smirgel은 "창조 과정에는 무의식의 가장 원초적인 층들과 소통하는 능력이 수반된다"[6]고 했다. 클레어 존슨은 이렇게 덧붙인다. "이러한 소통 능력이 무의식에게—꿈이라는 형태 안에서—창조의 영감을 직접 요청하는 능력을 포함한다면, 자각몽을 꾸는 사람이 맑지 않은 꿈을 꾸는 사람보다 훨씬 유리할 것이다."[7]

프로이트Sigmund Freud와 융Carl Gustav Jung은 자신들의 가장 중요한 일부 아이디어들을 꿈에서 얻었다고 말한다. 폴 매카트니의 〈예스터데이Yesterday〉, 벤젠 분자 구조의 발견, 메리 셸리Mary Shelley의 소설 《프랑켄슈타인》도 그런 경우에 속한다. 창조의 충동은 밤의 고요함 속에서 모두를 기다리고 있다.(더 많은 사례들을 보려면 디어드리 배릿Deirdre Barrett의 《수면 위원회 *The Committee of Sleep: How Artists, Scientists, and Athletes Use Dreams for Creative Problem-Solving — and How You Can Too*》를 보라.) 이 많은 통찰들은 직접적으로 꿈을 의도하거나 꿈을 꾸려고 노력하지 않아도 자연 발생으로 일어난다. 하지만 직접 의도하면 꿈의 세계에 잠재된 창조성을 무한히 끌어낼 수 있다.

밤에 자다가 창조적 통찰을 얻은 적이 있는가? 꿈 속에서뿐만 아니라 꿈꾸기 전이나 후의 비몽사몽 상태에서는? 만약 있다면 밤중에 당신을 찾아온 그 '아하!' 순간들을 아래에 적어본다.

☽ 여러 가지 이득의 핵심

자각몽에 관한 한 가지 놀라운 사실이자 자각몽이 주는 많은 이득의 핵심은, 자각몽 속에서 당신이 하는 행동으로 뇌와 몸에 미치는 생리학적 영향(신경 연결 면에서)이 실생활에서 그런 행동을 할 때 미치는 신경학적 영향과 거의 똑같다는 사실이다. 무언가를 꿈에서 하는 것과 실생활에서 하는 것이 신경학적으로 동일한 것이다! 꿈 속에서 피아노 연습을 하면 실제로 더 나은 피아니스트가 될 수 있다는 얘기이다.

당신이 꿈 속에서 논리적 문제를 풀고 있다면, 평소 깨어 있을 때처럼 좌측 뇌가 활성화된다. 자각몽 속에서 피아노를 연주하면, 현실에서와 똑같이 우측 뇌가 활성화된다. 우리의 뇌는 꿈과 실제를 구분하지 못하는 것 같다.

신경과학계에서 이룬 혁명적 업적 가운데 하나는 인간의 뇌가 대단히 '유연한' 성질, 즉 '신경가소성neuroplasticity'을 띤다는 사실을 발견한 것이다. 당신이 마음으로 한 일이 실제로 당신의 뇌를 바꾼다. 클레어 존슨이 말한 대로 "상상하는 것이 실제 경험하는 것과 거의 똑같은 수준으로 뇌를 만들 수 있다."[8] 그러므로 어떤 것을 꿈꿈으로써 당신 뇌를 문자 그대로 바꿔놓을 수 있다.(그것을 과학자들은 하향 인과downward causation라고 부른다.) 꿈 속에서의 행위는 꿈의 세계에만 한정되는 게 아니다. 꿈 속의 행위들이 뇌 속으로 다운로드되고, 그것이 다시 삶 속으로 다운로드된다. 그 점을 생각해 보라. 아니, 더 좋게는 꿈꿔보라.

신체적 이득

자각몽 꾸기로 뇌만 바꿀 수 있는 게 아니다. 몸의 동작도 개선할 수 있다. 당신이 꿈 속의 몸으로 하는 것이 실제 몸에도 영향을 미친다. 많은 사람이 꿈 속의 몸에서 오르가즘을 느낄 때 실제 몸으로도 오르가즘을 경험하고, 악몽으로 꿈 속 몸의 심장이 헐떡거릴 때 실제 몸의 심장도 같이 헐떡거리며 꿈에서 깨어난다. 꿈 연구가 다니엘 에얼라허Daniel Erlacher는 "한 실험에서 우리는 참가자들에게 '깊게 무릎 굽히기deep knee bend' 자세를 하는 꿈을 꾸도록 요청했다. 그들이 몸을 움직인 것은 아니었지만 실제로 그들은 그 자세를 취할 때처럼 맥박과 호흡이 살짝 빨라졌다"[9]고 말한다.

《스포츠 과학 저널》의 한 연구에서는 자각몽 꾸기가 운동 선수들의 동작 개선에 활용될 수 있음을 보여준다. 자각몽 연구자 켈리 불클리 Kelly Bulkeley는 자각몽이 줄 수 있는 놀라운 이득으로 다음 네 가지를 언급한다.

• 고난이도의 기술을 선보여야 하는 운동 선수들이 자신의 능력을 최대치까지 끌어올리며 위험한 움직임과 동작을 연습할 수 있는 안전한 경기장이 되어준다.

• 부상당한 선수들에게 회복기에도 훈련을 계속하며 기술을 연마할 기회를 마련해 준다.

• 체육 설비를 이용하기 어려운 취약 계층 선수들이 효과적인 훈련을 받을 수 있게 해준다.

• 모든 수준의 선수들이 경기 당일 최선의 기량 발휘를 위해 마음

을 모을 수 있는 강력한 심리적 수단을 제공해 준다.[10]

추가 훈련을 하거나 경쟁에서 이기기를 바라는가? 그럴 때마다 꼭 헬스장에 가지 않아도 된다. 그냥 잠자리에 들기만 하면 된다.

어떤 신체 동작이 개선되길 바라는가? 지금 당장 가능하지 않더라도 바라는 바들을 적어보라. 그리고 나서 그 바람이 꿈 속에서 이루어지는지, 그리고 마침내 당신 삶 속에서 이루어지는지를 보라.

치유

꿈 속 몸과 육체적 몸 사이의 연결을 통해 우리는 자각몽 꾸기를 치료에 이용할 수 있다. 동양의 관점에서 보면, 우리의 몸은 꿈 속 몸과 깊이 연결되어 있는 우리 안의 미묘한 몸이 겉으로 나타난 것이다.(이에 대해서는 9장에서 다시 다룰 것이다.) 동양 의학은 겉의 거친 몸(즉 육체—옮긴이)을 치료하기 위하여 침이나 뜸 같은 요법으로 우리 안의 미묘한 몸을 다룬다.

서양에서는 칼 시몬튼Carl Simonton 박사의 암 치료에서처럼 치유를 촉진하는 데 유도 심상화가 사용된다. 그의 보고에 따르면 표준 화학 요법과 방사선 치료를 받으면서 치유 심상화를 병행한 환자들은 기대

수명보다 평균 두 배 이상 오래 살았다고 한다.[11] 상상의 힘과 그에 따른 변화 가능성이 꿈 속보다 큰 곳은 없다. 바꿔 말하면 상상이 지닌 변형의 힘은 그 상상이 얼마나 현실감 있게 느껴지느냐에 비례하며, 그런 면에서 생생한 꿈만큼 진짜처럼 느껴지는 것은 없다는 말이다. 데니스 자페Dennis Jaffe 박사와 데이비드 브레슬러David Bresler 박사는 이렇게 말한다. "상상은 인간의 내면에 잠재된 힘을 깨워주는데, 이 내면의 힘은 치유 과정과 건강 증진에 막대한 도움을 줄 수 있다."[12]

단언하기에는 아직 이르지만, 예비 자료(대규모 연구 프로젝트에 착수하기 전에 연구의 타당성 등을 검토하기 위해 소규모로 시행하는 연구에서 도출된 데이터─옮긴이)들은 건강한 꿈 속 몸을 의식적으로 시각화하는 것으로 자가 치유가 시작될 수 있음을 암시한다. 당신이 꿈 속 몸을 '치유'할 수 있다면 그것으로 육체적 몸을 어디까지 낫게 할 수 있을까? 22년 동안 만성 통증을 앓던 환자가 단 한 번의 자각몽으로 하룻밤 만에 스스로를 치료한 사례를 가지고 논문을 쓴 의사가 있다. 정신과 의사인 마우로 자파테라Mauro Zappaterra인데, 그는 이렇게 말했다. "저는 자각몽 전문가는 아니지만 그 남자는 아무런 통증 없이 깨어났어요. 자기 뇌가 완전히 꺼졌다가 다시 켜진 것 같다더군요. 며칠 뒤 그가 보훈 약국에 걸어 들어가더니 정말로 약을 반납했지 뭡니까? 이 정도면 자각몽 꾸기가 치유 효과를 낸다고 볼 수 있는 꽤 유력한 증거라고 생각합니다."[13]

당신이 질병으로 고생하고 있다면 그 내용을 여기에 적어본다.

잠시 멈추고, 완전히 치유된 당신 몸의 그 부위를 시각화해 본다. 그리고 꿈 속에서도 똑같이 하겠다는 의도를 세운다. 자각몽을 꾸거든 꿈 속 몸의 그 부위가 완전히 건강해진 모습을 떠올려본다. 자신을 안에서 밖으로 치유하고자 노력해 본다. 자각몽을 꾸고 깨어나면, 꿈 속에서 완벽하게 건강하고 온전하다고 상상했을 때 어떤 경험을 했는지 적어본다.

악몽의 해소

자각몽 꾸기는 전체 인구의 85퍼센트가 시달리는 악몽을 없애거나 현저히 줄일 수 있는 것으로 증명되었다. 우리는 자각몽 속에서 경험의 틀을 재구성하거나 반복적으로 찾아오는 악몽의 결말을 바꿀 수 있다. 자기 존재의 거부당한 부분이 흉측한 괴물 모습을 하고 돌아올 때 우리는 대개 악몽을 꾼다. 자각몽에서는 그 괴물로부터 도망치는 대신─도망치는 것이 우리가 평소 꿈에서 하는 자동 반응으로, 그 괴물을 계속 살아있게 만드는 요인이다─맑게 깨어 있음lucidity에서 나오는 자신감을 가지고 그 괴물을 향해 돌아서서 그것과 직면할 수 있다. 그것이 우리의 마음일 뿐이고, 꿈일 뿐이며, 따라서 통제할 수 있다는 사실을 알아차릴 수 있다. 그러니 겁낼 필요가 없어진다.

그 무서운 괴물들이 단지 치유의 요청일 뿐임을 이해함으로써 우리는 그것들을 자기 존재 속에 재통합하고 그렇게 해서 온전해질 수 있다. 당신이 반복적으로 악몽을 꾼다면 이러한 통합 과정이 더 이상 악몽을 꾸지 않도록 막아줄 것이다. 시인 라이너 마리아 릴케Rainer Maria Rilke는 "어쩌면 우리를 겁주는 모든 것이 그 깊은 본질에서는 우리의 사랑을 원하는 힘없는 어떤 것인지 모른다"[14]고 말했다. 또한 서양에서 자각몽을 처음 이야기한 스티븐 라버지Stephen LaBerge는 "자각몽에서 괴물을 만나거든 오래 못 만난 친구를 만난 것처럼 진정으로 환영해라. 그러면 정말로 그 괴물이 오래 못 만난 친구가 될 것이다"[15]라고 말한다.

다음에 악몽을 꾸게 될 때, 역시 무언가가 당신을 그 꿈에서 깨울 텐데, 당신을 깨우는 그것이 전적인 공포가(실제로 이런 일이 일어나기도 한다) 아니라 '이봐, 이건 그냥 나쁜 꿈일 뿐이야!'라는 갑작스런 깨우침이라면, 그때가 바로 맑게 깨어나는 순간임을 알아차리기 바란다. 우리는 보통 그 순간을 꿈에서 빠져나오는 탈출 버튼으로 사용한다. 하나의 수련으로서, 맑게 깨어나는 그 짧은 순간을 알아채, 꿈에서 도망치거나 잠에서 깨는 대신 그 상태에 머물러 있는 연습을 해보자. 이건 좀 더 발전된 기술이므로, 처음부터 잘 안 되더라도 걱정할 필요 없다. 시도만으로도 알아지는 것이 있을 것이다.

그것이 그저 꿈일 뿐이라는 자각은, 설사 그것이 무서운 꿈이라 해도, 그 꿈이 지닌 흉흉한 힘을 무너뜨린다. '악몽 수련nightmare practice'은 꿈 요가의 한 부분이다. 꿈 요기dream yogi들은 두려움을 극복하는 방법의 하나로 자각몽 안에서 의식적으로 무서운 상황을 만들어내기도 한다.

악몽 껴안기

당신에게 맞는 방법 같거든 다음에 악몽을 꿀 때 이렇게 해본다.

1. 나쁜 꿈에 계속 머무른다. 도망치지 않는다.
2. 무언가가 쫓아오면 돌아서서 마주본다.
3. 그것이 괴물이라면 그 눈을 똑바로 쳐다본다.
4. 당신이 아주 맑게 깨어 있다면 팔을 벌리고 괴물에게 다가가서 그것을 껴안는다.

한마디로 늘 하던 것과 반대로 해보는 것이다.

그 다음으로, 당신이 경험한 것들을 적는데, 어려웠던 점이나 새로 알게 된 점이 있으면 전부 적는다. 이런 연습을 해보겠다고 생각하는 것만으로도 새로운 힘이 생기는 듯한 느낌이 드는지 살펴본다.

_____

_____

_____

_____

내 경험으로 보건대, 이 연습을 하면 괴물이 사라지거나 내 안으로 흡수된다. 어느 쪽이든 나는 두려움 때문이 아니라, 그 두려움을 직면할 용기가 내게 있다는 데서 오는 자신감, 그리고 이제 그 두려움이 사라질 거라는 느낌으로 인해 심장이 두근대는 상태로 잠에서 깨어난다.

공포증

당신에게 이성적으로 설명할 수 없는 공포증이 있어서 높은 곳이나 비행기 탑승, 발표나 강연, 거미, 뱀 같은 것들이 무섭다면, 꿈 속의 안전한 곳에서 그런 불안을 다뤄볼 수 있다. 꿈에 거미를 불러내어 그에 대한 두려움과 좋은 관계를 맺어보는 것이다. 꿈 요기들은 무서운 꿈을 꾸면 두려움을 초월할 수 있는 기회라고 여겨 그것을 기쁘게 맞이한다. 악몽 껴안기와 마찬가지로 이것도 누구나 할 수 있는 수준의 수련은 아니다. 그러니 이 방법이 당신에게 와 닿지 않는다고 해도 걱정할 것 없다. 우리는 저마다 다르고, 이 야간 학교의 교과 과정은 여느 대학 못지않게 다양하다.

모든 '밤 수련'은 선택 과목이다. 하지만 두려움이 선택인가? 공포가 선택인가? 원치 않는 경험이 선택인가? 밤으로 더 깊이 들어가려는 사람들에게 자각몽 꾸기는 이러한 그림자 요소들을 다룰 수 있는 기회를 제공한다.

당신이 공포를 느끼는 것들을 있는 대로 적어본다.

다음에 꿈 속에서 이런 공포를 경험하면, 그것이 그냥 꿈인 줄 알고 이 두려운 상황을 피하지 않겠다는 의도를 세운다. 이는 1950년대부터 사용되어 온 체계적 둔감법systemic desensitization(두려움을 적게 느끼는 상황부터 단계적으로 극복하도록 유도하여 궁극적으로 두려움이 가장 큰 상황까지 극복하도록 하는 행동 치료 방법—옮긴이) 계열에 속한 테크닉이다.

70

자각몽 속에서 이렇게 해본 다음 거기에서 경험한 것들을 아래 빈 줄에 적어본다.

_____

_____

_____

☾ 영적 이득

자각몽 꾸기가 가장 높은 수준에 이르면 영적 통찰에 이르는 수행이나 꿈 요가로 넘어간다. 붓다도 꿈 요가를 수련했으며, 그 뒤로 2,600여 년간 그의 밤 명상이 불교의 한 부분으로 전해져 내려오고 있다. 불교와 힌두교에서는 깨어 있기waking, 잠자기, 꿈꾸기의 세 가지 기본 의식 상태 중에서 깨어 있는 상태를 영적 진화의 가능성이 가장 낮은 거친 상태로 여기고 있다. 헨리 데이비드 소로Henry David Thoreau는 "우리에게 더없이 진실한 삶은 꿈 속에서 깨어 있을 때"라고 말했다. 명상 마스터 남카이 노르부Namkhai Norbu 린포체도 이렇게 말한다.

"낮 시간보다는 꿈 속에서 수련을 발전시켜 나아가기가 더 쉽다. 낮 시간에는 육체의 제약을 받지만, 꿈 속에서는 마음의 기능과 감각에 대한 의식이 아무런 제약도 받지 않는다. 꿈 속에서 우리는 더 맑게 깨어 있을 수 있다. 그러기에 더 많은 가능성들이 있다.…… 꿈 속에서 수련을 하면 낮에 하는 것보다 아홉 배나 더 큰 효과를 볼 수 있다."[16]

그것은 또한 클레어 존슨의 다음 말처럼 순식간에 일어날 수 있다. "나는 [꿈에서] 눈을 감는다. 그러면 온갖 이미지들이 사라지고 암흑으로 바뀐다. 나는 즉각적으로 깊은 이완 상태에 들어가는데, 그 속도가 낮에 명상을 할 때보다 훨씬 빨라서 어떻게 몇 초 만에 그렇게 깊은 상태에 들어갈 수 있는지 놀랍다. 등이 아프거나 감각이 산만해지는 일도 없고 말이다."[17]

동양의 관점으로 보면, 당신은 자각몽 속에서 카르마를 정화할 수 있으며, 깨어 있는 동안 부정적인 카르마가 결실을 맺지 않도록 예방할 수 있다. 기억하라, 카르마는 습관의 다른 이름이다. 그러니까 꿈속에서 나쁜 습관을 없앨 수 있다는 얘기이다. 불교에 따르면, 카르마는 대개 미묘한 꿈의 상태에서 충분히 발달한 다음에야 비로소 깨어 있는 거친 상태에서 드러난다고 한다. 이 말은 이 미묘한 꿈의 상태에서 카르마가 정화될 수 있다는 뜻이다. 스위스 정신과 의사 칼 융도 비슷한 관점을 옹호했다. 꿈 요가 전문가인 알란 월래스Alan Wallace도 이렇게 말한다. "꿈꾸는 상태에서 카르마가 커질 수 있는가? 물론이다. 깨어 있는 상태에서 카르마가 완전히 커지게 두기보다, [꿈에서] 카르마를 정화시킬 수 있다. 그러니 꿈꾸는 상태에서 카르마를 제거하는 편이 훨씬 낫다."[18]

이런 점에서 자신의 꿈을 민감하게 알아차리면 말 그대로 당신 인생을 구원할 수 있다. 당신의 경험이 현실 속에 완전히 모습을 갖추기 전에 그것의 설계도를 손볼 수 있기 때문이다. 앞으로 실제로 있을 일을 미리 보거나 그 전조를 보여주는 꿈의 사례는 셀 수 없이 많다. 이런 꿈들은 잠에서 막 깨기 전에 꾸는 경우가 많고, 다른 꿈보다 더 파워풀하다. 왠지 모르게 더 중요하게 느껴지는 것이다. 올리버 색스Oliver Sacks의 책《아내를 모자로 착각한 남자The Man Who Mistook His Wife for a Hat》에 나오는 '몸이 없는 크리스티너'라는 장을 읽어보라. 또는 비행기 사고를 정확하게 예견하는 꿈을 반복적으로 꾸는 내용의 이 오싹한 영상을 보라.(https://vimeo.com/237676110)

장차 일어날 일을 미리 보여주는 꿈을 꿔본 적이 있는가? 그 가운데 실제 현실로 나타난 꿈이 있는가? 그런 '심령적인psychic' 꿈이 당신을 흥분시키는가, 아니면 겁주는가?

_____

_____

_____

_____

_____

☾ 자각몽 품기

당신은 안내를 받기 위해 마치 알을 품듯 자각몽을 품을incubate 수도 있다. 중국인, 메소포타미아 인, 그리스 인 그리고 다른 여러 지혜 전통들에서 그랬듯이 고대 이집트 인들도 이 수련을 했다. 고대 문헌들에는 꿈 속에서 메시지와 가르침을 요청해서 받은 사람들 이야기가 가득 담겨 있다.

'자각몽 품기'는 그런 것과는 조금 다르다. 자각몽에서는 메신저와

의식적으로 대화를 할 수 있기 때문이다. 영국인 승려 텐진 빠모Tenzin Palmo는 히말라야에서 12년간 독거 수련을 했는데, 쌓인 눈 때문에 몇 달씩 동굴 입구가 막히는 일이 잦았다. 하지만 그녀에게 그런 일은 전혀 문제되지 않았다고 한다. 안내나 지원이 필요할 때 그것들을 요청하면 꿈에서 곧장 받을 수 있었기 때문이다. 나도 3년간 홀로 수련할 때 그런 경험을 했다. 때때로 의식이 명료한 상태로 스승의 발치에 앉아 마치 깨어 있을 때처럼 스승에게 질문하는 나를 발견하곤 했다. 이 스승들이 내 마음속에 들어온 것인지 아니면 내 마음의 깊은 측면들이 스승들의 형상을 띠고 나타난 것인지는 중요하지 않다. 중요한 것은 메신저가 아니라 메시지이다.

당신은 꿈에서 안내를 요청해 본 적이 있는가? 그래서 안내를 받았는가? 그랬다면 그 정보를 보통의 꿈에서 얻었는가, 아니면 자각몽에서 얻었는가?

당신은 다른 사람을 위해서도 꿈을 품을 수 있고, 그래서 꿈 대리인 surrogate dreamer이 될 수 있다. 대리 꿈꾸기는 샤머니즘 전통에서 흔히 해온 것인데 티베트 불교에서도 자주 활용되고 있다. 달라이 라마 같은 명상 마스터들은 다른 영적 마스터가 환생한 곳을 찾아달라는 부탁을 자주 받는다.(다큐멘터리 〈환생을 찾아서Unmistaken Child〉를 보라.) 그

러면 명상 마스터는 그것을 염두에 둔 채 잠을 자고, 어디에서 그 스승을 찾을 수 있는지 며칠 내로 꿈에서 보는 것이다.

나는 적극적으로 남들을 위한 꿈을 품어본 적은 없지만 저절로 그런 꿈을 꾼 적은 있다. 그것들 가운데 어떤 것은 자각몽이고 어떤 것은 아니었다. 내가 용기를 내어 그 꿈과 관련된 사람들과 이야기를 나누었을 때 꿈에서 얻은 정보는 언제나 도움이 되었다. 그때 나는 올바른 주소에 메시지를 전달하는 메신저가 된 느낌이었다. 꿈의 힘을 믿거나 그 가능성에 자기를 열어놓은 사람이면 누구나 대리 꿈꾸기를 할 수 있다.

◖ 죽음을 준비하는 꿈

끝으로, 우리는 죽음이라는 어둠을 준비하는 데 밤의 어둠을 이용할 수 있다. 여러 지혜 전통에 따르면 잠과 꿈, 죽음은 서로 긴밀하게 연결되어 있다. 그리스 신화에서 히프노스Hypnos(잠의 신)와 타나토스Thanatos(죽음의 신)는 그냥 형제가 아니다. 쌍둥이다. 불교에서 꿈 요가는 죽음을 준비하기 위한 하나의 방편으로 생겨났다. '마지막 시간에 꾸는 꿈'을 준비하도록 도와주는 티베트 불교의 바르도 요가Bardo yoga는 자각몽 꾸기를 폭넓게 활용한다. 티베트 사람들은 또 특정한 꿈이 병이나 죽음을 예고해 주기도 한다고 말한다.

육체와 분리된 (비물질적인) 실재의 차원―꿈꾸는 상태로서, 육체적으로 깨어 있는 상태만큼 또는 그보다 더 진짜처럼 느껴질 수 있다—이 존재한다면, 이는 거친 육체적 몸 없이도 경험이 지속될 수 있다는 말이 된다. 자각몽 꾸기를 통해서 당신은 육체와의 동일시를 멈추고 육체를 놓아주거나 '버리는die to' 법, 그리고 훨씬 미묘한 몸subtle body과 자신을 동일시하는 법을 배울 수 있다. 많은 영적 전통들에서는 이러한 미묘한 몸이 육체의 죽음을 초월해 있다고 이야기한다. 멕시코의 치료사 세르지오 마가냐Sergio Magaña는 이렇게 썼다. "당신이 자각몽을 주기적으로 꾸기 시작하면 죽음에 대한 두려움을 극복했을 때 스스로 그 사실을 알게 될 것이다. 왜냐하면 자각몽을 꾸는 것이 죽는 것과 비슷하기 때문이다."[19] 한 여인은 생애 마지막 해에 자각몽을 160번 꾸었다면서 그 꿈들이 자기에게 죽는 법을 가르쳐주었다고 말했다.[20]

당신은 잠드는 것이 '평화롭게 쉬는' 것 혹은 죽어가는 것과 비슷하다고 느껴본 적이 있는가? 이런 생각이 당신을 겁나게 하는가? 아니면 당신이 실제로 '마지막 시간에 꾸는 꿈'을 준비하는 방편으로 잠과 꿈을 이용할 수 있겠다는 희망을 주는가?

_____

_____

_____

_____

_____

우리 야간 학교의 교과 과정 중 이런 고급 수련들은 대학원급 수업에 해당한다. 이 수련들은 누구나 좋아할 그런 것은 아니다. 하지만 이것들은 우리의 꿈이 지닌 놀라운 잠재력과 밤 수련이 얼마나 멀리까지 우리를 데려갈 수 있는지 보여준다.

질문과 답변

● 자각몽 꾸기가 창조적인 충동을 방해하지는 않는가? 의식의 개입이나 조종 없이 무의식이 꿈 속에서 그냥 펼쳐지도록 두는 게 더 낫지 않을까?

자각몽은 당신이 그러기로 선택할 때에만 꿈을 조종한다. 꿈 속에서 완전히 맑게 깨어 있으면서 그냥 지켜보기로 선택하면 '관찰자형 자각몽witness lucid dream'을 꾸게 된다. 아무것도 바꾸지 않고 그저 영화를 감상하듯이 그렇게 펼쳐지는 대로 꿈을 보는 것이다.

● 이 모든 이득들을 보니 몹시 동기 부여가 되기도 하지만, 한편으로는 조금 자신이 없어지기도 한다. 나는 자각몽 속에서 당신이 말한 놀라운 일들을 하는 것은 고사하고 아예 자각몽 자체를 꾸지도 못한다. 진짜로 사람들이 이런 것들을 하고 있나?

그렇다. 우리 모두 그런 능력을 가지고 있다. 인간이 갖고 있는 광대한 잠재력은 대부분 아직 손도 대지 않은 상태이다. 지금으로서는 이런 놀라운 이득들을 보며 동기 부여를 받는 정도로만 해두자. 새로운 훈련이 대개 그렇듯이 이것들도 마스터하는 데 시간이 걸린다. 그러니 인내심을 가지고, 이것들이 나름의 방식으로 발전하도록 놓아두자. 자각몽 꾸기에 진전이 있더라도 이 장에 언급된 모든 것을 다 하게 되는 것은 아니다. 물론 전부 다 하게 될 수도 있긴 하지만, 사람들은 보통 이 중 몇 가지만 자각몽 속에서 해보지 전부 다 해내려고 전전긍긍하지는 않는다. 성공의 열쇠는 자신이 하는 일을 즐기는 것, 작은 성취에도 기뻐하는 것, 아주 잠깐 맑게 깨어 있는 것에도 감탄하는 것이다. 나머지는 제 때가 되면 펼쳐질 것이다. 그러니 긴장을 풀어라. 이 가능성들의 목록을 후루룩 훑어보고 맘 편히 즐겨라.

● 자각몽을 꾸면 죽은 사람도 만날 수 있나?

　그것은 누구에게 물어보느냐에 따라 다르다. 전통적인 수면학자나 대다수 과학자들(신경과학자나 심리학자 등)은 아니라고 할 것이고, 샤먼이나 신비주의자들 그리고 원주민 치료사들은 그렇다고 할 것이다. 나에게 묻는다면 '그렇다'고 대답하겠지만, 절대적인 확신을 가지고 말하는 것은 아니다. 이 질문은 당신이 꿈에 가르침을 받느냐는 질문과 비슷하다. 스승이 당신 꿈 속으로 들어오는 것인가, 아니면 내면의 구루가 당신이 알아볼 만한 모습으로 나타나는 것인가? 명확하게 답을 할 수 없는 열린 질문에도 그만한 가치가 있다. 이런 질문에는 마음을 열어놓는 것이 포인트이다. 나는 급진적인 아이디어(내 안에 있는 신비주의자)에 나를 열어놓는 것과 건강한 회의주의(내 안에 있는 과학자에 대한 존중)를 유지하는 것 사이에서 중도中道를 지키고자 노력한다.

4. 수면 과학

수면 과학에 대해 배우면 자각몽을 꾸는 데 도움이 될 것이다. 유도 방법들을 언제 적용해야 할지 일러주기 때문이다. 자각몽을 꾸기 위해 노력을 더 쏟아 부어야 할 때가 있는가 하면 그냥 자야 할 때가 있다. 명상을 하는 사람이라면, 수면의 여러 단계에 대한 공부를 통해서 당신이 명상 방석 위에서 졸다 깰 때 무슨 일이 일어나고 있는지 알수 있을 것이다. 수면 과학은 명상 중에 졸거나 침대에서 잠이 들 때 알아차림 상태를 유지하는 법과 자각몽을 시작하는 법 둘 다를 연습하는 데 도움을 줄 수 있다. 수면의 단계들을 아는 것은 맑게 깨어 있음으로 가는 도로 위에 표지판을 세우는 것과 같아서, 지금 당신이 수면 과정의 어느 단계에 있는지, 언제 속도를 올리거나 내려야 하는지 알려준다.

☾ 수면의 종류

수면에는 크게 렘 수면과 비非렘 수면 두 가지가 있다. 렘REM(rapid eye movement)이란 피실험자가 가장 생생히 꿈을 꾸고 있을 때 과학자들이 관찰한 급격한 안구 움직임을 의미한다. 사람이 자고 있을 때 눈꺼풀 아래서 안구가 사방으로 빠르게 움직이는 것을 볼 수 있는데, 그때 그를 깨우면 거의 틀림없이 꿈꾸고 있었다고 말할 것이다. 당신도 잠자고 있는 사람한테서 이런 모습을 본 적이 있을 것이다. 아직 보지 못했으면 다음에라도 한번 관찰해 보라. 렘 수면은 1953년에 처음 언급되었다.

비렘 수면은 깊은 이완이나 회복과 관계가 있으며, 이때는 대체로 꿈을 꾸지 않는다. 수면 실험실에서 렘 수면 중인 사람들을 깨우면 약 80퍼센트가 꿈을 꾸고 있었다고 보고하겠지만, 비렘 수면 상태에서 깨운다면 45퍼센트만이 꿈을 꾸었다고 말할 것이다.

꿈을 꾸는 동안 어느 때라도 맑게 깨어 있을 수 있지만, 비렘 수면에서 자각몽을 꾸는 것이 목표는 아니다. 비렘 수면 단계에서 우리 몸은 "방해하지 마시오" 팻말을 걸고 스스로 필요한 숙면을 취한다. 그래서 제대로만 한다면 자각몽을 꾸느라 피곤해지는 일은 없다. 또한 뒤에 나오겠지만, 자각몽을 꿀 때 우리는 마치 낮 시간대처럼 뇌가 활발히 활동하는 때의 수면 주기에 들어간다.(자각몽 꾸기를 올바르게 연습하면 비렘 수면을 방해하지 않으므로 몸의 회복력을 유지하면서 동시에 자각몽 꾸기에 들어갈 수 있고, 그 결과 맑게 깨어 있기와 숙면을 모두 취할 수 있다는 말이다.─옮긴이)

렘 수면 상태는 잠의 25퍼센트 정도를 차지한다. 그것은 근육 경련, 두뇌 활동, 근육 무긴장증muscle atonia과 관련이 있는데, 이는 꿈을 꾸는 동안 우리 몸의 수의근이 일시적으로 마비되기 때문이다. 꿈꾸는 내용을 행동으로 옮기지 못하게 함으로써 자신과 타인을 보호하려는 자연의 조처이다. 이때 몸은 마치 봉제 인형처럼 축 늘어진다. 이러한 무긴장증은 대체로 의식하지 못하고 지나가지만, 렘 수면의 순서가 뒤죽박죽이 되면 우리는 이 상태를 알아차리게 된다. 그 상태를 일컬어 수면 마비sleep paralysis라고 한다. 우리는 렘 수면 동안 우리 몸을 인식하지 못하게끔 되어 있다. 그냥 잠들어 있거나 꿈꾸고 있어야 정상이다. 하지만 때로는 수면 사이클이 엉클어지기도 한다.

사람들이 경험하는 수면 마비는 대개 반은 깨어 있고 반은 잠들어 있을 때 발생하며, 종종 공황 발작을 일으켜 몸을 움직이지 못하거나 말이 나오지 않는 경우도 있다. 무슨 일이 일어나고 있는 건지 모르고 그런 상태를 맞는다면, 그것은 마치 누가 당신을 무겁게 짓누르거나 꼼짝 못하게 구속복(정신 이상 등으로 폭력적인 행동을 하는 사람을 제압하기 위해 입히는 옷—옮긴이)을 입힌 것처럼 불편한 경험일 수 있다. 당신한테 그런 경험이 있었다면 그때 당신은 어떻게 반응했는가?

몇몇 연구 결과 많은 외계인 납치 이야기가 이 수면 마비에서 비롯되었음이 밝혀졌다.[21] 하지만 무슨 일이 일어나고 있는지 당신이 안다

면, 수면 마비는 매력적인 경험이 될 수 있다. 드문 예이지만 렘 수면 행동 장애REM sleep behavior disorder가 있는 경우 이러한 근육 무긴장증이 발생하지 않아, 멀쩡히 잠자던 사람이 옆에서 자고 있는 파트너를 두들겨 패거나 심지어 죽이는 일이 발생하기도 한다.

몽유병이나 잠꼬대는 다르다. 이런 것들은 보통 근육 무긴장증이 없는 비렘 수면 상태에서 일어난다.

이제 수면 마비에 대해 알았으니 다음에 그런 일을 겪거든 이번에 배운 내용을 상기하면서 이 특이한 경험을 관찰해 보라. 몸을 움직이거나 말을 할 수 없더라도 겁내지 말고 한번 실험을 해보라. 팔을 한번 움직여보고 무슨 일이 일어나는지 혹은 일어나지 않는지 보라. 훌륭한 과학자처럼 호기심을 가져보라. 이렇게 접근하면 공포가 물러가고 변화된 의식 상태를 탐색할 수 있을 것이다. 잠에서 깨면 수면 마비가 어떻게 느껴졌는지 아래 빈 줄에 적어본다.

충분한 수면을 취하는 것은 자각몽을 꾸기 위해서는 물론이고 건강을 위해서도 대단히 중요하다. 인간은 깨어 있는 동안 두 시간마다 약 한 시간가량은 잠을 자야 한다. 그러나 서구 선진국에 사는 보통 사람들은 밤에 일곱 시간도 채 자지 못한다. 약 한 세기 전보다 두 시간 가량 덜 자는 셈이다. 세계보건기구WHO는 수면 부족을 전 지구적 전염

병으로 명명했다. 어쩌면 잠이 음식보다 더 중요할 수 있다. 동물들은 굶어죽기 전에 수면 부족으로 먼저 죽을 것이다.

당신은 하루에 몇 시간씩 자는가? 그것으로 충분하다고 느끼는가? 그렇지 않다면 필요한 휴식을 취하기 위해 무엇을 할 수 있겠는가?

◖ 수면의 단계

매일 밤 자는 동안 우리는 대략 90분 정도의 수면 사이클마다 각각 네 개의 수면 단계를 거친다. 각 단계는 뇌파 주파수가 다른데, 이 주파수들은 뇌 활동과 밀접한 관련이 있는 뇌전도EEG로 기록할 수 있다. 깨어 있을 때의 의식은 베타파와 알파파, 잠잘 때의 의식은 세타파 및 델타파와 관련이 있다. 베타파는 초당 13~40사이클 또는 헤르츠로 진동하며, 집중이나 스트레스 상태와 관련이 있다. 알파파는 8~13헤르츠의 주파수를 갖고 있으며, 긴장을 푼 채 깨어 있는 상태와 관련이 있다. 우리가 잠들면 뇌파가 깨어 있는 베타파와 알파파에서 세타파(4~8헤르츠)로 내려가고, 궁극적으로는 '중립적인' 숙면 상태인 델타파(0에서 4헤르츠)까지 내려간다. 이는 마치 빠르게 내달리는 고속도로에서 조용한 휴게소로 빠져나오는 것과 같다.

속도를 줄이기 시작함에 따라 우리는 선잠hypnagogic 상태(입면 상태)로 접어든다.(이 상태 또는 잠깨기 직전의 상태에서 꾸는 꿈을 경계선 꿈 liminal dream이라고 하는데, 이에 대해서는 12장에서 살펴볼 것이다.) 우리가 고속도로에서 진출로를 따라 휴게소로 부드럽게 빠져나오는 때가 바로 이때이다. 이러한 수면 초기에 사람들은 흔히 높은 곳에서 떨어지는 느낌이 들거나, 누군가 자기를 부르는 것 같거나, 다른 '선잠 환각'을 보거나 한다. 높은 곳에서 떨어지는 느낌에는 종종 근간대성 경련 myoclonic jerk 또는 수면 경련hypnic jerk(자다가 움찔하는 현상—옮긴이)이라고 부르는, 불수의적不隨意的 전신 근육 수축이 동반된다. 당신도 수면 경련을 경험한 적이 있는가? 그것 때문에 깜짝 놀라 잠시 패닉에 빠진 적이 있는가? 그에 대한 당신의 반응을 적어본다.

이번에는 선잠 상태를 지나 더 깊은 잠 속으로 들어갈 때 어땠는지를 기록한다. 이런 경험을 탐색하는 것이 전前수면기에서의 알아차림 감각을 더욱 예민하게 만들어줄 것인데, 그런 것도 맑게 깨어 있음 또는 자각몽 시작의 한 형태이다.

수면 1단계에서 3단계까지는 전부 비렘 수면으로 분류된다.

1단계

1단계는 5~10분쯤 지속되며, 전체 수면의 4~5퍼센트를 차지한다. 이 단계에 있는 사람을 깨우기는 어렵지 않다. 만약 당신이 이 단계에 있는 사람을 깨운다면 그들은 종종 진짜로 자고 있었던 게 아니라고 말할 것이다. 1단계에서는 뇌파가 알파파에서 세타파로 내려간다. 이전前수면 상태가 짧기는 하지만, 그렇더라도 자각몽 작업을 하면서 선잠 상태를 탐색해 볼 수 있다.

2단계

이 단계는 밤의 첫 번째 수면 사이클에서 최장 50분까지 지속될 수 있다. 호흡과 심박수가 느려지고 체온도 내려가는 것이 이 단계의 특징이다. 뇌파는 여전히 대체로 세타파에 머물러 있지만, 이제는 잠든 사람을 깨우기가 1단계만큼 쉽지는 않다. 우리는 전체 수면 시간의 45~55퍼센트를 이 단계에서 보낸다. 1단계와 2단계를 얕은 잠light sleep으로 본다.

3단계

지금 이 3단계는 예전의 3단계와 4단계(숙면 단계)가 통합된 것으로 뇌전도에서 델타파가 나타난다. 잠들고 35~45분 뒤에 시작하며, 첫 90분간의 수면 사이클 동안 30분 정도 지속된다. 이 단계에 들어간 사람을 깨우기는 매우 어렵다. 억지로 깨우면 정신을 못 차리고 투덜거리며 이른바 수면 무력증sleep inertia(잠에서 깨어난 후 몇 분 동안 비몽사몽인 상태—옮긴이) 현상을 보일 것이다.

당신이 이렇게 깊은 잠을 자고 있는데 누가 깨워서 일어난 적이 있는가? 뭔가 불쾌했는가? 그때의 경험을 적어본다.

_____

_____

_____

_____

_____

3단계에서 사람들은 호흡이 느려지고 깊은 휴식으로 들어간다. 이는 깊은 회복 수면으로, 이때 몸은 완전히 오프라인 상태가 된다. 이 단계에서 성장 호르몬이 방출되고 세포가 만들어지며 아픈 곳이 치유되는 등 신체 유지와 관련한 많은 활동이 이루어진다. 펜실베이니아 대학 행동수면의학Behavioral Sleep Medicine 프로그램의 책임자인 마이클 펄리스Michael Perlis는 이 단계의 수면에 대하여 이렇게 말한다. "우리는 지금 뇌가 아주 높은 강도로 비활성화되는 수준에 대해 말하고 있다. 3단계 수면은 혼수 상태나 뇌사 상태와 크게 다르지 않다."[22] 수면 무호흡증(불면증 다음으로 많이 겪는 수면 장애) 환자들의 경우 이 단계에서 수면이 지속적으로 방해를 받으며, 이것이 수면 무호흡증이 그렇게 해로운 주된 이유이다.

우리가 델타파 수면에 들어가는 시간은 나이가 들면서 줄어드는데, 젊은이들에게는 수면 시간의 약 20퍼센트를 차지하던 것이 중년에 이르면 3퍼센트로 줄어든다. 65세쯤 되면 이러한 서파徐波 수면(델타파 수면-옮긴이)이 거의 다 사라질 수 있다. 또한 성장 호르몬의 분비도 줄어들기 때문에, 깊은 수면의 부족은 몸의 지방질 증가, 근육 긴장도와 근력의 감소, 피부의 얇아짐, 면역 기능 저하, 기억력 감퇴, 피로감, 성욕 감퇴 등을 포함한 노화의 여러 측면에 영향을 미친다고 할 수 있다. 잠을 많이 자지 않는다고 자랑하는 사람들도 있다. 그러나 그들이 65세쯤 되거든 한번 물어보라. 건강이 좀 어떠시냐고 말이다.

잠을 못 자면 우리는 죽을 것이고, 최적 수면을 취하지 못하면 수명이 짧아질 수 있다. 신경과학자이자 수면 전문가인 매튜 워커Matthew Walker는 "수면은 우리 뇌와 몸의 건강을 원상태로 돌려놓는 가장 효과적인 수단이다. 우리를 죽음에서 떼어놓기 위해 어머니 자연이 기울이는 최선의 노력이다"[23]라고 말한다.

최근의 연구는 수면이 이런 고정된 단계들을 거친다는 이론과는 다른 이야기를 하고 있다. 좀 더 면밀한 측정을 통해 과학자들은 뇌의 여러 부위가 같은 시간에 각기 다른 상태에 있으며, 뇌 활동이 1천분의 1초 단위로 달라질 수 있다는 사실을 발견했다. 그러나 우리의 목적, 즉 자각몽을 꾸기 위해 어느 단계를 공략해야 할지 알려면 이 고전적인 수면 단계설을 이해하는 것이 도움이 된다.

수면 무호흡증은 밤새 호흡이 끊겼다가 이어지기를 반복하는 심각한 수면 장애이다. 깊은 회복 수면을 막는 소리 없는 킬러이지만 진단도 제대로 이루어지지 않고 있다. 대략 2,200만 명의 미국인이 수면 무호흡증을 겪고 있지만 그중 80퍼센트는 자기가 그런 줄도 모른다. 이렇게 진단조차 제대로 받지 못한 결과, 생산성 손실, 자동차 사고, 여타 경미한 사고들로 인한 진료비가 미국에서만 연간 1,500억 달러가량이 들어간다. 성인 다섯에 하나는 경도와 중증도 사이의 수면 무호흡증, 열다섯에 하나는 심각한 수면 무호흡증을 겪고 있다. 수면 무호흡증을 치료하지 않고 그냥두면 심장 질환, 뇌졸중, 당뇨, 치매, 체중 증가, 고혈압, 비만 등 많은 질병이 유발될 수 있다. 나는 임상 실습 시에 수면 무호흡증도 다루는데, 그것만 잘 관리해도 삶을 바꿀 수 있고, 심지어는 생명을 구할 수도 있다.

수면 무호흡증에 관한 한 "모르는 게 약"이 아니다. 수면 과학자 윌리엄 디멘트William Dement는 "수면은 당신이 흡연이나 운동을 하는지, 고혈압이나 콜레스테롤을 갖고 있는지 여부만큼이나 당신이 얼마나 오래 살지를 알려주는 중요한 예측 인자 가운데 하나"[24]라고 말한다. 다음의 연습은 당신이 이 문제로 의사의 진단이나 치료를 받아야 할지 말지 결정하는 데 도움을 줄 것이다.

연습	수면 무호흡증 검사

아래 질문들은 당신이(또는 당신이 사랑하는 사람이) 이 치명적인 질환을 갖고 있을 가능성이 있는지 진단할 수 있도록 도와줄 것이다. 대답에서 '예'가 많다면 즉시 수면 전문의를 만나보는 게 좋다.

• 코를 곤다는 말을 들은 적이 있는가?   그렇다_____   아니다_____
• 과체중인가?   그렇다_____   아니다_____
• 숨이 막히거나 숨이 가쁜 상태로 깨어나는가?

         그렇다_____   아니다_____

- 당뇨나 고혈압이 있는가? 그렇다_____ 아니다_____
- 부정맥이 있는가? 그렇다_____ 아니다_____
- 텔레비전을 보거나, 글을 읽거나, 공공 장소에 가만 앉아 있거나, 교통 체증으로 잠시 멈춰 있거나, 누구와 앉아 얘기하거나, 혹은 점심 식사 후에 깜박 조는 편인가? 그렇다_____ 아니다_____
- 여성인 경우, 목둘레가 38센티미터 이상인가?

  그렇다_____ 아니다_____
- 남성인 경우, 목둘레가 42센티미터 이상인가?

  그렇다_____ 아니다_____

렘 수면 또는 4단계

3단계를 지나면 잠깐 2단계로 돌아갔다가 렘 수면이라는 새로운 단계 또는 4단계로 들어간다. 다시 말하지만 이 단계가 우리가 꿈을 가장 많이 꾸는 때이다. 이때 뇌파가 델타파에서 다시 알파파로 돌아가는데, 그것은 뇌가 낮 시간대의 주파수로 돌아가 깨어 있을 때처럼 많은 에너지를 쓴다는 얘기이다. 이렇게 얼마 동안 렘 수면 상태로 꿈을 꾸다가 다시 몸을 뒤척이며 잠깐 깨어난다. 그리고 나서 다시 수면 단계들을 거치는데 (얼마나 오래 자느냐에 달렸지만) 보통 하룻밤에 90분 사이클을 네다섯 번 반복한다.

당신은 밤중에 자주 깨어나는가? 오늘밤엔 설핏 깨어나기를 몇 번 하는지 세어보라. 아침에 일어나서 그때 경험한 것을 기록한다.

이 연습은 당신의 수면 패턴을 좀 더 명료하게 이해하도록 도와줄 것이고 자각몽 꾸기에도 유용할 것이다.

이후 90분 사이클을 반복할 때마다 렘 수면 시간은 약 두 배로 늘어난다. 렘 수면이 끝날 때는 각 단계의 비렘 수면이 끝날 때처럼 잠깐씩 깨어나는 경우가 많다. 일부 수면 과학자들은 렘 수면일 때가 우리가 가장 통찰력 있고 지성적이고 창조적이며 자유로운 때라고 말한다. 수면 연구가 마이클 펄리스는 "렘 수면은 그것이 우리 뇌와 몸을 위해 하는 일을 봐도, 또 그 순전한 경험만 봐도 우리를 가장 인간답게 만들어주는 것 중 하나라고 할 수 있다"[25]고 말한다.

첫 번째 렘 수면은 5~10분 정도밖에 지속되지 않기 때문에, (중간에 잠을 깨지 않는 한) 이때 꾼 꿈은 거의 기억하지 못한다. 하지만 밤이 깊어지면서 비렘 수면이 렘 수면으로 대체되는데, 이는 그만큼 꿈꾸는 시간이 길어진다는 얘기이다. 대개 밤의 전반부는 비렘 수면이고, 후반부는 렘 수면으로 바뀐다. 마지막 수면 사이클에서는 한 시간정도까지 렘 수면이 이어지기도 하는데, 그래서 우리가 깨어나기 직전의 꿈을 잘 기억하는 것이다. 이때가 가장 왕성하게 꿈을 꾸는 시간이며, 자각몽을 꾸기 위해 노력을 집중하기에도 가장 좋은 때이다.

당신이 꿈을 가장 잘 기억하는 때는 언제인가?

이러한 수면 단계들이 당신의 경험과 부합하는가?

다시 한 번 말하는데 수면의 단계들과 사이클을 이해하면 왜 자각
몽 꾸기가 우리의 수면에 영향을 끼치지 않는지 그 이유를 알 수 있
다. 가장 깊은 회복 수면은 3단계의 수면에서 일어나며(우리는 이 시간
대는 건드리지 않는다), 꿈은 대부분 (어차피 뇌가 쉬지 않는) 4단계에
서 꾸게 되므로, 이런 우려가 실제로 벌어지는 일은 거의 없다.

질문과 답변

● 수면 마비가 위험하거나 걱정해야 할 증상인가?

수면 마비는 완전히 자연스러운 현상이다. 수면 마비시 무슨 일이
일어나고 있는지 모른다면 위험하게 느껴질 수 있겠지만 전혀 해롭
지 않다. 대다수 사람들은 자각몽 경험이 대단히 흥미롭다는 것을 알
지만, 무슨 일이 일어나는지 모르는 사람들에게는 다른 얘기이다. 극
단적인 경우에는 말 그대로 무서워 죽을 수도 있다. 이런 드문 사례는
의료인류학자 셸리 아들러Shelley Adler의《수면 마비: 악몽, 노시보와
심신상관Sleep Paralysis: Night-Mares, Nocebos, and the Mind-Body Connection》에 나와 있다.

● 나이를 먹으면서 수면 단계들에 어떤 변화가 일어나는가?

삶의 많은 것들이 그렇듯이 늙으면서 수면 패턴이 바뀌는 것도 자
연스러운 현상이다. 사람들은 나이가 들면서 잠들기도 더 어려워지고
깨지 않고 계속 잠들어 있기도 더 어려워진다. 나이를 먹으면서 전체
수면 시간과 서파徐波 수면의 비율은 줄어드는 반면 1단계와 2단계 수

면의 비율이 늘어난다. 나이를 먹는다고 수면의 필요가 줄어드는 건 아니지만 수면의 질은 떨어진다. 그래도 수면 습관(8장에서 다룬다)을 잘 지키면 수면의 질을 잘 제어할 수 있다.

● 나이를 먹으면 렘 수면도 변화하는가?

대다수 성인들에게서 렘 수면의 비율은 기본적으로 70대 중반까지는 10년에 0.5퍼센트씩 줄어든다. 그 뒤로는 렘 수면의 비율이 조금 늘어나는데, 그것은 전체 수면 시간이 줄어드는 반면 렘 수면 시간은 늘기 때문이다. 하지만 나이와 렘 수면이 줄어드는 것 사이에 아무 관계가 없다는 연구 보고서도 있다.

● 그건 내가 꿈에서 맑게 깨어 있을 기회가 줄어든다는 뜻인가?

반드시 그런 건 아니다. 이런 통계들은 꿈 작업을 하지 않는 사람들에게 적용되는 것이다. 계속해서 자각몽 꾸기를 연습하는 많은 사람들은 자각몽을 꾸는 시간이 늘어난다고 이야기한다.

● 우리가 렘 수면 중에 꾸는 꿈과 비렘 수면 중에 꾸는 꿈이 서로 다른가?

렘 수면에서 꾸는 꿈들이 더욱 생생하고 활동적이며 걱정이나 두려움에 의해 추진되는 경향이 있다. 사람들은 렘 수면 중에 더 많은 악몽을 꾼다고 말한다. 비렘 수면에서 꾸는 꿈은 훨씬 즐겁고 평범하며 걱정거리도 별로 없다. 또한 우리는 렘 수면시 꾸는 꿈들에서 더 능동적인 역할을 하고, 비렘 수면시 꾸는 꿈에서는 피동적인 관찰자가 되는 경향이 있다.

제2부

자각몽을
꾸는 법

5. 기초 기법들

　자각몽 꾸기는 바이올린 켜는 법을 배우거나 테니스나 외국어를 배우는 것과 비슷하다. 노력한 만큼 결과를 얻는다. 당신이 몇 주 만에 타이거 우즈만큼 골프를 칠 수 있겠는가? 자각몽 꾸기는 하나의 기술이며, 그것을 기술로 대할 때 당신도 도움을 받을 것이다

　스포츠, 음악, 수공예같이 당신이 능숙하게 할 줄 아는 것들을 생각해 보라. 그것을 그 정도로 할 수 있기까지 얼마나 걸렸는가? 혹시 낙담하거나 후퇴하거나 여타 다른 어려움에 직면한 때는 없었는가? 그 내용을 여기에 적어본다.

자각몽 꾸기에 대한 기대는 너무 높아도 곤란하다. 기대치가 너무 높으면 실망할 수 있다. 호기심이나 열린 자세, 그리고 유머가 있는 것이 좋다. "너무 팽팽하지도, 너무 느슨하지도 않게." 여러 명상 전통들에서 하는 말이다. 야심이 너무 커서 즉각적인 결과를 기대하고 몇 주 만에 자각몽 꾸기를 마스터하기 바란다면, 이건 너무 팽팽하게 당기는 것이다. 당신의 동기가 명확하지도 않고 그저 귀찮다는 생각에 아무렇게나 기법을 적용한다면 그 결과도 대충 나올 것이다. 이건 지나치게 느슨한 것이다. 마음을 가다듬고 그 팽팽함과 느슨함 사이의 적절한 지점, 아름다운 밤 음악을 만들어줄 그 지점을 찾아낼 때 비로소 자각몽 꾸기에 성공할 것이다.

자각몽에 대해 당신은 어떤 기대를 하고 있는가? 즉각적인 결과를 기대하는 팽팽한 상태인가? 아니면 좀 느슨해서 결과에 별 관심이 없는가? 당신의 기대치를 적어본다.

자각몽 꾸기는 미묘한 수련이기 때문에 좀 까다로울 수 있다. 꿈꾸는 마음은 고요한 마음인 반면, 낮 동안의 마음은 시끄러운 마음이다. 스스로를 침묵하게 하는 법을 배우는 것이 자각몽 꾸기에 성공하는 한 가지 비결이다. 어둠이 내릴 때 우리가 그것을 인공적인 빛들로 몰아내지 않는다면, 밤은 우리를 일종의 자연스런 피정으로 유도한다. 우리는 방 안으로 들어가고, 그 다음 잠자리에 들면서 우리 자신 안으

로 들어간다. '내면으로 향한다'는 의미의 내향적 상태로 전환하는 것이다. 내가 하는 일은 당신이 그와 같은 전환을 맑게 깨어 있는 상태에서 우아하게 할 수 있도록 도와주는 것이다.

자각몽 꾸기는 당신이 스스로 자신의 안내자가 되어야 한다는 점에서도 미묘한 수련이다. 낮에는 내가 당신 손을 잡아줄 수 있지만, 밤에는 아무도 당신을 어둠 속으로 인도하지 못한다. 아무도 당신의 수면 패턴, 당신의 마음, 당신의 잠버릇에 대해 당신만큼 잘 알지 못한다. 이것이 바로 자각몽 꾸기를 아주 짜릿한 것으로 만드는 요인이다. 당신이 바로 당신 자신을 발견하는 사람이다. 수면과 꿈꾸기에 대해 완전히 새로운 자신만의 길을 밝혀주는 이는 바로 당신이다.

당신이 자신의 안내자라는 사실에 어떤 기분이 드는가? 겁이 나는가, 아니면 흥분되는가? 누군가 명상을 안내해 주는 게 더 좋은가, 아니면 혼자서도 잘 해나갈 수 있는가?

이 책에서 소개하는 모든 기법 가운데 당신이 직접 경험한 것을 믿고 당신한테 맞다고 생각되는 방법을 사용하기 바란다.

구체적인 유도 방법들로 들어가기 전에, 모든 것의 기초가 되는 몇 가지 기본적인 접근법을 이해할 필요가 있다. 이 기초적인 기법들만으로도 충분히 자각몽을 꿀 수 있다. 불교에서는 준비 과정이 본 수련보다 중요하다고 가르친다. 적절한 무대가 갖춰졌을 때 공연을 시작할 수 있는 법이다.

수년 전 어떤 명상 세미나에서 사람들을 가르치고 있을 때 발랄한 성격의 어떤 부인이 명상실로 허둥지둥 들어오면서 이렇게 말하는 소리를 들은 적이 있다. "내면의 평화야, 빨리 와. 시간 없어!" 자각몽 수련 참가자들한테서도 비슷한 느낌을 받을 때가 많다. "자, 자각몽아, 밤새도록 시간이 있는 게 아니니까 얼른 와!" 그러나 가치 있는 일은 하루 만에 이루어지는 것이 아니다. 요즘 사람들은 대개 참을성이 없다. 좋은 걸 서둘러 하다가 그게 왜 잘 안 되는지 의아해한다. "그냥 유도 방법만 알려주라고요!" 당신도 어쩌면 그렇게 말하고 싶을지 모른다.

하지만 이 장에서 소개하는 기초 연습들을 건너뛰면 그만큼 성공할 기회는 줄게 된다. 이 준비 연습들로 우리는 '꿈의 구장field of dreams'을 짓는 것이다. "당신이 야구장을 지으면 사람들이 올 걸세."(영화 〈꿈의 구장Field of Dreams〉에 나오는 유명한 대사—옮긴이) 잡초를 뽑고 땅을 갈고 물과 거름을 준 밭에 씨(구체적인 유도 방법들)를 뿌릴 때 그것들은 뿌리를 내리고 자라서 꽃을 피울 것이다. 그러지 않으면 씨앗을 콘크리트 위에 내던지는 것과 같다.

☾ 믿음의 힘

모든 유도 기법은 그 기법과 자각몽 꾸기에 대한 우리의 믿음에 의해서 더욱 촉진된다. 믿음은 우리의 발목을 잡기도 하고 앞으로 나아가게도 한다. 의료계에서 이 믿음의 힘은 플라시보 효과의 핵심이 되는 것으로, 플라시보 효과는 참으로 믿음의 효과라 할 수 있다. 그 치료 효과는 순전히 그 약에 대한 우리의 믿음에서 나온다. 그러나 앞으로 이어지는 장들에서 소개할 유도 기법들은 그 같은 가짜 약(僞藥)이 아니다. 그것은 진짜 약이고 효과가 분명하다. 하지만 믿음은 그 효과를 더욱 강화해 준다.

자각몽 세계에서 우리는 우리가 익히 들어온 "보이면 믿는다"는 말 대신 "믿으면 보인다"는 말을 쓴다. 우리가 자각몽을 잘 꾸지 않는 것은 꿈 꾸기의 중요성을 믿지 않기 때문이기도 하다. 서구 사회에서는 일반적으로 꿈을 믿거나 존중하라는 교육을 받지 않는다. 이것이 내가 자각몽 꾸기의 이득에 대해 그렇게 많이 이야기하는 이유이다. 사람들이 자각몽을 더 신뢰하고 더 중요하게 여기도록 말이다.

| 연습 | 믿는 사람 되기 |

잠시 시간을 내어 당신이 자각몽에 대해 어떻게 생각하는지 살펴본다.

당신에게 꿈은 얼마나 중요한가?

자각몽을 꾸는 것이 당신에게 얼마나 중요한 일인가?

당신이 진짜로 자각몽의 힘을 믿으려면 무엇이 필요하겠는가?

_____

_____

_____

과학적 · 학문적으로 어떤 지원이 필요하겠는가?

_____

어떤 종류의 개인적 경험이 필요하겠는가?

_____

☾ 의도의 힘

두 번째 기초 기법은 '의도하기intention'이다. 이것은 최근 내가 참가한 꿈 요가 세미나에서 티베트 마스터가 유일한 유도 방법으로 제시했을 만큼 중요한 기법이다. 그는 이 세미나에서 의도만으로도 충분히 자각몽을 일으킬 수 있다고 말했다.

의도는 낮 시간에 계발하는 것이긴 하지만, 그것은 무의식적 마음 깊은 곳까지 가 닿아서 꿈 속에서 불쑥 튀어나오는 것이다. 그 '땅' 하는 알아차림은 전등 스위치를 켜는 것만큼이나 쉽게 맑지 않은 꿈을 맑게 바꿔놓을 수 있다. 실은 너무나 간단해서 사람들이 의도만 가지고는 충분하다고 믿지 않는 것이다. 하지만 그것은 비행기를 타려면 새벽 3시에는 꼭 일어나야 한다고 잠들기 전에 의도를 세우는 경우와 똑같이 작용한다. 수많은 사람들이 알람 시계 없이 의도의 힘만으로 한밤중에 깨어났다. 꿈 속에서 맑게 깨어 있겠다고 강한 의도를 품는 것은 알람을 맞춰놓는 것과 거의 동일한 효력을 발휘한다.

아직 이런 놀라운 일을 경험하지 못했다면, 내일 새벽 4시(또는 당신이 원하는 시각)에 반드시 깨어나겠다는 의도를 한번 품어보라. 그 의도에 온 마음을 실어보라. 잠자리에 들면서 다시 한 번 이 의도를 확인하라. 그런 다음 이튿날 아침에 경험한 바를 아래에 적어본다.

연습 | 의도 세우기

의도가 잘 먹히도록 하기 위해 낮 동안 계속 자신한테 이렇게 말해본다. "오늘밤 나는 많은 꿈들을 꿀 것이다. 좋은 꿈들을 꿀 것이다. 그 꿈들을 기억할 것이다. 그리고 꿈 속에서 깨어 있을 것이다!" 문구는 그렇게 중요하지 않다. 중요한 건 느낌이다. 자신만의 동기 부여 만트라를 만들어 아래에 적어본다.

어떤 구절이 떠오르건 생각만 하는 데서 그치지 않도록 한다. 진심을 담아 큰 소리로 말한다. 그런 다음 그것을 적는다. 그것을 당신 몸에 입력한다. 그리고 잠자리에 들 때 이 '알람'을 다시 맞춘다. 이 만트라를 낮에는 적어도 스물한 번, 잠자리에 누워서는 일곱 번 이상 되뇐다. 그렇게 되뇔 때 생기는 힘이 당신의 의도를 무의식적 마음 속 깊숙이, 그리하여 밤 속으로 깊숙이 전달한다. 밤중에 깨어나면 꿈 속에서 깨어 있겠다는 의도를 다시 확인한다. 이튿날 아침 당신이 경험한 바를 적는다. 아무것도 경험 못했으면 그렇다고 쓰면 된다.

자각몽 세미나를 많이 해봤는데, 세미나에 참가한 많은 사람들이 마침내 자각몽을 꾸고 너무나 흥분한 나머지 잠에서 깨곤 했다. 그들은 자각몽을 꿨다는 사실에 신나하면서도 꿈이 너무 짧은 것에 실망해 나를 찾아왔다. 내가 그들에게 자신의 의도가 무엇이었느냐고 물으면 그들은 하나같이 "자각몽을 꾸는 게 내 의도였다"고 대답했다. 보라, 당신은 요구한 것을 얻었다. 이제 더 많은 것을 요구해 보자.

　이런 식으로 한번 덧붙여 본다. "나는 자각몽 속에서 깊은 바다에 뛰어들어 돌고래들과 헤엄을 치거나, 혹은 하늘 높이 날아올라 구름 속에서 춤을 추고 싶다! 하늘을 날 때의 흥분을 경험하며 바람에 머리카락이 휘날리는 것을 느끼고, 땅 위로 스칠 듯 날아 내려왔다가 올라가는 짜릿함을 맛보고 싶다!" 무엇을 요구하든지 그대로 얻을 수 있다는 건 참으로 놀라운 일이다.

새로운 수준의 의도를 아래 빈 줄에 구체적으로 적어본다. 진심을 담아서 적고, 그것을 마음속으로 시각화해 보며, 또 느껴본다. 당신은 자각몽 속에서 무엇을 하고 싶은가?

_____

_____

_____

_____

뒤에서 동양의 유도誘導 방법을 이야기할 때 다시 의도의 힘에 대해 살펴볼 텐데, 그때 의도가 카르마의 배후에서 핵심 역할을 하는 것을 보게 될 것이다.

☾ 명상의 힘

세 번째 기초 기법은 명상이다. 우리가 꿈 속에서 맑게 깨어 있지 못한 큰 이유 중 하나는 낮 동안 자기 마음에서 일어나는 것들에 대하여 맑게 깨어 있지 않다는 것이다. 지금 보이는 것은 나중에도 보인다. 더 정확하게 말하면 지금 보이지 않는 것은 나중에도 보이지 않는다. 우리는 깨어 있는 동안 자기 마음속에서 일어나는 일들을 대부분 알아차리지 못한다. 말하자면 맑게 깨어 있지 않은 것이다. 그러니 우리의 꿈 속에서 맑게 깨어 있지 못한 것이 이상할 게 없다.

논리적인 사고를 좋아하는 사람들을 위해 이렇게 설명해 보겠다. "생각이 낮의 깨어 있는 의식에 해당하듯이 꿈은 밤의 꿈꾸는 의식에 해당한다." 우리가 낮 동안 자기 생각에 맑게 깨어 있다면, 자연히 밤에 자기 꿈에 맑게 깨어 있을 것이다. 스티븐 라버지는 "깨어 있는 의식은 감각의 속박이 있는 꿈꾸는 의식이고, 꿈꾸는 의식은 감각의 속박이 없는 깨어 있는 의식"이라고 말한다. 그러니까 요점은, 밤이든 낮이든 작동하고 있는 의식은 똑같으며, 따라서 맑게 깨어 있거나 맑게 깨어 있지 않은 정도도 똑같다는 것이다.

연습 | ## 생각 알아차리기

잠시 자기 마음속을 정직하게 들여다보라. 마음이 끝없이 이어지는 생각들로 꽉 차 있지는 않은가? 당신은 이 생각들을 대부분 알아차리고 있는가? 아니면 그 생각들이 당신에게 들키지 않은 채 내달리고 있는가?

보통 사람들은 대부분 마음속에서 일어나는 생각을 알아차리지 못

한다. 그것은 CNN 방송을 보는 것과 비슷하다. 화면에는 주요 뉴스가 나오지만, 아래쪽에서는 다른 뉴스들이 줄줄이 자막으로 지나간다. 우리 안에서도 무의식적인 생각들이 알아차려지지 못한 채 끊임없이 지나가고 있다. 우리가 계속해서 맑지 않은 꿈을 꾸는 것(꿈을 자각하지 못하는 것)은 바로 이 때문이다.

우리는 마치 생각에 빠져 길을 잃는 것처럼 꿈 속에 빠져서 길을 잃는다. 백일몽 속으로 빠져들 때 이러한 현상을 볼 수 있는데, 그런 면에서 '백일몽daydream'이라는 단어는 무언가에 빠져 거기에 휩쓸려 들어가는 이 과정을 탁월하게 설명해 준다. 어떤 생각이나 느낌이 떠오를 때 우리가 그것에 빨려 들어가면 그것이 바로 맑게 깨어 있지 못함인 것이다.

당신은 그런 마음 상태를 알아차릴 수 있는가? 전에 명상이나 다른 알아차리기 수련을 해본 적이 있다면 그 경험을 적어본다.

그러므로 명상 수련은 맑게 깨어 있기 수련이다. 명상가들이 자각몽을 더 많이 꾼다는 연구 결과가 나온 것도 이런 이유 때문이다. 명상의 대가에게는 모든 꿈이 자각몽이다. 명상의 대가들은 맑게 깨어

있음의 달인 또는 알아차림의 달인이므로 이는 자연스러운 현상이라고 할 수 있다.

지금까지 맑은 꿈, 즉 자각몽 꾸기가 무엇인지는 규명하였다. 그러면 맑은 생각lucid thinking이란 무엇일까? 맑은 생각이란 본인이 알아차리고 있는 생각이다. 반대로 맑지 않은 생각은 자신이 생각하고 있는 줄도 모른 채 하는 생각이다. 맑은 생각의 상태에서 당신은 지금 당신이 생각하고 있음을 알아차린다. 그 알아차림이 곧바로 맑지 않은 생각을 맑은 생각으로 바꾼다. 당신은 여전히 생각하고 있지만, 이제는 자신이 생각하고 있다는 사실을 알고 있다.

명상이 자각몽 꾸기에 특별한 역할을 하는 이유는 그것이 진단과 처방을 동시에 해주기 때문이다. 명상은 우리가 왜 맑지 않은 꿈을 그토록 많이 꾸는지, 그리고 어떻게 하면 자각몽을 꿀 수 있는지 보여준다. 40여 년 명상을 계속해 온 사람으로서 나는 이런 주장이 맞다는 것을 입증할 수 있다. 내가 피정에 들어가 매일 명상을 할 때면 밤에 생생한 자각몽을 꾸곤 한다. 그러다가 명상을 소홀히 하면 자각몽도 줄어든다.

맑지 않은 꿈은 무의식적인 꿈, 산만한 꿈, 기억나지 않는 꿈이고, 자각몽은 의식적인 꿈, 산만하지 않은 꿈, 기억나는 꿈이라는 점을 유념하자. 아래 명상법으로 우리는 마음 챙기기, 산만하지 않기, 기억하기를 수련할 것이다. 이러한 수련을 하면, 그 결과 저절로 자각몽을 꾸게 될 것이다.

☾ 명상의 방법

명상에는 여러 형태가 있고 그것을 설명하는 방법도 다양하다. 가장 좋은 접근법은 명상법을 단순하게 유지하는 것이다. 30년 넘게 명상 강사로 활동하면서 나는 몸, 호흡, 마음의 세 단계로 나누어 마음 챙김mindfulness 명상을 가르쳐왔다. 가장 기본이 되는 몸의 자세부터 시작해 순차적으로 호흡과 마음을 가다듬는다. 대부분 지침이 이 첫 번째 단계를 다루는데, 이는 본 수련(마음 단계)보다 준비 과정(몸 단계)이 중요하다는 주제를 다시금 상기시켜 준다. 어느 명상 마스터의 말처럼, "올바른 명상 자세를 취하는 것만으로 당신은 머잖아 명상을 하고 있는 자신을 발견하게 될 것이다." 이것은 '꿈의 구장'을 짓는 이야기와 비슷하다. 당신이 야구장을 지으면(좋은 자세를 갖추면) 마음 챙김 상태mindfulness(맑게 깨어 있는 상태lucidity)가 찾아올 것이다.

연습	짧은 명상

자세의 힘을 체험해 보기 위해 1분 동안 눈을 감고 당신의 마음 상태를 관찰해 본다. 그 상태에서 아무것도 바꾸지 않는다. 이때 자세에 아주 미세한 움직임만 주어도 마음 상태가 바뀔 것이다. 빙긋 웃는다. 다른 건 그대로 두고 입술 양끝만 아주 조금 위로 올리며 웃는다. 알아차린 것을 적어본다.

몸이 미소 지을 때 당신 마음도 미소를 짓는가?

감정과 얼굴 표정 연구의 개척자인 폴 에크만Paul Ekman은 우울한 표정을 짓자 실제로 기분이 우울해진다는 사실을 발견하였다. 몸이 마음과 같은 건 아니지만, 그렇다고 다른 것도 아니다. 우리는 이 전통적인 주장을 적용하여, 좋은 몸 자세로 좋은 마음 자세를 불러낼 것이다. 맑은 몸이 맑은 마음을 불러낸다.

몸 단계

명상 방석에 앉기 전, 적절한 마음 자세나 태도를 취하는 것으로 시작한다. 자존감과 자신감을 가지고 방석 위에 앉는다.(의자에 앉는 것도 괜찮다.) '할 수 있다!'는 태도로 임한다. 마치 천하를 호령하는 듯한 위풍당당함을 느껴본다.

두 다리를 자연스럽게 겹치고 앉아 든든한 대지에 자리 잡은 느낌을 느껴본다. 두 손은 양 허벅지에 가벼이 없는데, 너무 멀리 두지도 않고(몸이 앞으로 기울어진다) 너무 가까이 두지도 않는다.(몸이 뒤로 기울어진다.) 여기서도 '중도中道'이다. "너무 팽팽하지도, 너무 느슨하지도 않게" 한다. 척추를 곧추 세우되 뻣뻣해지지는 않도록 한다. 굳건한 척추는 두려움 없음과 강인함을 의미한다. 그 무엇도 당신을 흔들

수 없다는 태도를.

이는 부드러움과 수용성을 상징하는 활짝 열린 가슴과 균형을 이룬다. 두려움 없음과 부드러움이라는 이 두 가지 자질은 명상 방법 중 '마음 단계'—이 단계에서는 마음속에 떠오르는 생각과 부드러우면서도 두려움 없이 관계 맺는 것이 중요하다—를 위한 핵심 요소이기도 하다. 명상 방법의 각 단계에 대한 설명은 다른 단계들에 대한 설명과 섞여 있다. 이는 우리가 말하는 양방향성, 이 경우에는 삼방향성 tridirectionality을 보여주는 또 다른 예이다. 몸과 호흡, 마음이 상호 작용하면서 서로를 돕는 것이다.

좋은 자세란 일반적으로 가슴을 활짝 열어 드러내 보이는 것이다. 산스크리트 어와 팔리 어로 '마음mind'과 '가슴heart'은 같은 어원인 '싯타citta'에서 비롯되었다. 따라서 '마음 챙김mindfulness'이란 '가슴 챙김heartfulness'(또는 가슴이 깨어 있음)이라는 뜻이기도 하다. 이것은 매우 중요하다. 사람들이 마음을 챙긴다는 것을 순전히 인지적인 행위라고 생각하는 경향이 있기 때문이다. 하지만 명상은 몸으로 하는 일이자 가슴으로 하는 일이다. 은밀한 도움이라는 면에서, 당신이 이런 식으로 몸과 함께 일함으로써 알든 모르든 당신은 이미 마음과 함께 일하고 있는 것이다.

명상의 핵심 지침은 가슴과 마음을 열어놓는 것이다. 명상의 모든 것이 여기에 달려 있다. 이 지침은 명상에 대한 정의 중 내가 제일 좋아하는 '열림의 습관화habituation to openness'와 맥을 같이한다. 열린 가슴은 곧 열린 마음을 뜻하며, 굳건하면서도 열려 있는 자세가 그런 마음을 불러온다.

몸 단계를 더욱 정교하게 다듬는 방법으로, '아' 하고 속삭이듯 입을 조금 벌리고 혀끝을 윗니 뒤쪽에 부드럽게 댄다. 그렇게 하면 침이 과도하게 분비되는 것을 막는 데 도움이 된다. 마지막으로 눈은 뜨고 약 2미터 정도 앞의 바닥을 응시한다. 이는 시야를 한 곳에 집중하지 않고 수용적으로 열어놓는 것인데, 그렇게 함으로써 마음의 눈도 비슷하게 열린 응시를 할 수 있도록 유도하는 것이다. 뜬눈으로 응시하기가 불편하면 눈을 감고 해도 된다. 어느 쪽이 본인에게 가장 효과가 좋은지 살펴본다.

우리는 이 방법을 잠자기 전에 자리에 누워서 하는 명상법을 배울 때에도 적용할 것이다. 그때는 눈을 감게 될 것이다. 하지만 지금은 눈을 뜨고 있기를 권한다. 이것이 열려 있음의 정신을 상기시키기 때문이다. 눈을 뜨고 하는 것이 눈을 감고 하는 것보다 더 어려운 기술이기는 하지만, 이렇게 연습하면 명상이 명상 후의 상태로 이어지는 데 도움이 된다. 자각몽 꾸기는 궁극적으로 맑게 깨어 있는 삶을 불러오며, 눈을 뜨고 하는 명상이 이를 더 촉진시킨다는 점을 기억하자.

연습 | **명상을 위한 몸 탐색**

어깨를 살며시 뒤로 젖히며 가슴을 활짝 편다. 머리는 편하게 척추 위에 얹어두고 가슴을 연다. 이제 어떤 느낌인지 적는다.

_____

_____

이렇게 하는 것이 쉬운가? 아니면 조금 주저되는가? 지나치게 노출되고 개방되어 취약해진 느낌이 드는가?

이번에는 몸의 자세를 완전히 허물어뜨린다. 어깨를 앞으로 털썩 떨어뜨리고 머리도 힘을 빼 수그러지게 한다. 지금 느껴지는 점을 적는다.

이렇게 자세를 수그리는 편이 더 쉬운가? 덜 노출된 느낌이 드는가? 자기한테 익숙한 '맑지 않은' 자세로 몸을 웅크리는 편이 많은 사람들에게 더 쉽게 느껴질 것이다. 연습 과제의 어떤 단계에서건 저항감이 든다면 적어둔다.

자신에게 친절하게 대하도록 한다. 몸도 열리려면 시간이 필요하다. 끝으로, 몇 분쯤 눈을 감고 명상 자세로 앉아 있다가 눈을 뜬다. 눈을 감았을 때와 떴을 때 중 어느 쪽이 더 좋게 느껴지는가? 왜 그것이 더 좋게 느껴지는가?

_____

_____

_____

_____

의자에 앉아서 명상하는 것도 괜찮다. 너무 딱딱하거나 너무 푹신하지만 않으면 된다. 발바닥을 바닥에 단단히 붙이고 대지와 연결되었음을 느껴본다. 책상다리를 하고 앉을 때처럼 두 손을 허벅지 위에 가볍게 얹는다. 의자 등받이에 등을 기대지 않도록 한다. 이는 외부의 어떤 도움도 받지 않고 당신 혼자서 이런 자세를 취할 수 있다는 것을 상징한다. 나머지는 바닥에 앉아서 할 때와 동일한 방법으로 진행하면 된다.

몸의 어디가 가렵거나 아파서 불편하면 몸을 움직여 편안한 자세를 잡기 전에 잠시 그 불편함을 느껴본다. 그러고 나서 다리를 펴거나, 무릎을 세우거나, 기지개를 켜서 불편함을 해소한다. 불편함이 잦아들면 본래 자세로 돌아간다. '새로 시작'이라는 말은 명상에 큰 도움이 된다. 뭔가 찝찝하거나 잘못되었다 싶으면 잠시 모든 걸 허물었다가 새로 시작한다.

호흡 단계

몸의 자세를 잘 갖추었으면 이제 호흡의 자연스런 움직임을 알아차려 보자. 호흡하는 것을 상상하지도 말고 생각하지도 말고 그냥 느껴본다. 당신 마음이 생명 자체의 움직임인 호흡의 자연스러운 움직임을 타게 하는 것이다.

첫 번째 단계인 몸의 자세 잡기와 두 번째 단계인 호흡을 통해서, 당신은 지금 앉은 자세로 호흡을 하고 있다. 단지 그뿐이다. 하지만 당신은 충만하고 완전하게 그렇게 하고 있다. 사람들이 우리 명상 센터에서 무엇을 하는 거냐고 물으면 나는 대답한다. "아무것도 하지 않아요. 하지만 우리는 '아무것도 하지 않기'를 하는 것을 진짜 잘하죠." 아무것도 하지 않기는 그리 쉬운 일이 아니다. 우리는 존재하기보다 행동하기를 훨씬 많이 하기 때문이다. 우리는 자기한테나 남들한테나 "할 일이 태산이야!"라는 말을 얼마나 자주 하는가?

생각이나 감정이 일어나 '무엇을 해야만 할 것 같은' 충동을 일으킬 때마다—명상을 하러 앉으면 곧 이 충동이 올라오는 것을 느끼게 될 것이다—우리는 '맑지 않음'의 충동에 이끌리고 있는 것이다. 달리 말하면, 맑게 깨어 있다는 것은 몸과 호흡에, 즉 실제로 일어나고 있는 일에 온전히 현존함을 의미한다. 이는 "반드시 현장에 있어야present 당첨 유효"라는 복권의 당첨 규정과 비슷하다. 꿈 속에서 깨어 있다는 것은 자기의 꿈에, 그때 일어나고 있는 일에 온전히 현존한다는 의미이다. 반드시 현존해 있어야 '맑게 깨어 있는 상태'를 경험할 수 있다.

마음과 호흡이 어떻게 연결되는지 알아보기 위하여 스무 번쯤 빠르고 얕게 숨 쉬고 나서 그것이 마음에 어떤 영향을 미치는지 느껴보고 경험한 내용을 적는다.

이번에는 몇 번 천천히 깊게 숨을 쉰 다음 그것이 마음에 어떤 영향을 미치는지 적는다.

마지막으로, 할 수 있는 만큼 숨을 참아보고 그것이 어땠는지 기록한다.

호흡의 빈도와 생각의 빈도 사이에 어떤 관계가 있음을 알아차린 게 있는가?

마음 단계

세 번째 단계의 핵심은 마음과 소통하는 것이다. 생각이나 이미지, 후회, 공상, 기대 같은 것들이 일어날 때, 당신은 마음이 몸과 호흡으로부터 벗어났음을 인지하고 속으로 스스로에게 '깨어나'라고 말한다. '깨어나'라고 말하는 것은 질책하는 행위가 아니라 알아차림, 즉 맑게 깨어 있음에서 나오는 행위이다.

이러한 일깨움은 깃털로 거품을 터뜨리는 것처럼 부드럽지만 정곡을 찌른다. 생각 자체를 없애거나 마음의 자연스러운 작용을 멈추기 위해 애쓰라는 말이 아니다. 마음은 본디 생각하게 되어 있다. 그건 문제가 아니다. 문제는 당신이 생각들과 맺고 있는 적절치 않은 관계이다. 생각들을 움켜잡거나 떨쳐버리려 하는 게 문제이다. 달리 말해서 맑게 깨어 있지 않은 것이 문제이다.

수련을 처음 시작할 때는 자신한테 끊임없이 '깨어나'라고 말하게 마련이다. 처음에는 거의 만트라 수준으로 그 말을 하게 되는데, 그것은 너무나 많은 생각들이 꼬리를 물고 이어지기 때문이다. 하지만 시간이 지나면 마음은 진정되게 된다. 생각이나 이미지 같은 것들이 여전히 일어나지만 더 이상 꼬리를 물고 이어지지는 않는다. 한 생각이 다음 생각으로 곧장 이어지지 않고 생각들 사이로 빈틈이 나타나기 시작한다. 이제 당신은 그 생각들을 전보다 더 빨리 알아차리고, 그것들에 더 빨리 깨어 있게 된다.

내일 아침, 하루 일과를 시작하기 전에 10분쯤 앉아서 명상을 해보라. 그러고 나서 충실히 여행기를 쓰는 리포터처럼 알아차린 것들을 기록한다.

_____

_____

_____

_____

아침에 일어났을 때 '생각들의 교통 체증'이 어떤가? 명상을 하고 난 지금 아까보다 마음이 더 상쾌하고, 더 여유롭고, 덜 조급한가?

_____

_____

_____

자신에게 다정히 안부를 묻는 방법으로 가슴에 가만 손을 얹는다. 내면의 '날씨'가 어떤가? 화창한가? 구름이 끼었나? 아니면 폭풍이 부는가?

_____

_____

_____

마음속 날씨가 어떻든 간에 괜찮다. 당신에겐 아무 문제가 없다. 손을 가슴에 얹는 것은 당신에게 당신 자신이 되도록 허락하는 행위이다. 마음속 날씨를 있는 그대로 받아들인다.

하루를 마치고 10분쯤 앉아서 명상을 한다. 명상을 하고 나니 마음이 어떻게 다른가?

_____

_____

마음이 더 분주하고 스트레스가 더 심해졌는가? 당신의 하루 일과가 저녁의 마음 상태에 어떻게 영향을 미치는지 느껴지는가?

_____

_____

이런 식으로 알아차려 보면 당신의 행동과 마음 상태가 어떻게 명상과 꿈 속으로까지 자연스럽게 확장되는지 이해하는 데 도움이 된다. 아침 명상이 저녁 명상보다 꼭 더 좋은 것은 아님을 이해하는 게 중요하다. 아침이든 저녁이든 당신은 마음이 작용하는 방식에 '익숙해지면서'(이것이 바로 명상의 정의이다) 그 작용에 열려 있는 법을 배우고 있는 것이다. 있는 그대로 받아들이는 것이 명상의 핵심이다. 폭풍이 일든 비가 내리든 아니면 햇살이 비치든 그런 것들은 다 지나갈 것이다. 요가 마스터 스와미 크리팔루Swami Kripalu가 말했듯이, "최고의 영성 수련은 아무 판단 없이 자신을 관찰하는 것이다."

116

지금쯤이면 당신은 '익숙해지는 것'이 곧 우리가 말하는 '맑게 깨어 있게 되는 것'으로 번역될 수 있다는 점을 이해했을 것이다. 다시 말하지만 자기 마음에 익숙해질수록 마음의 작용에도 더욱 깨어 있게 된다. 밤이든 낮이든 말이다.

대비의 강화

명상의 몸과 호흡 단계는 캔버스와 같은 역할을 한다. 우리가 마음의 움직임을 더욱 잘 관찰하고, 그리하여 그것에 맑게 깨어 있을 수 있도록 고요한 배경이 되어주는 것이다. 탄트라 전통(힌두교, 불교 등에서 행해지는 밀교 수행을 말함—옮긴이)에서는 실제로 생각들을 '마음의 움직임'으로 본다. 낮 동안에는 끊임없이 이어지는 마음의 움직임이 몸과 말(말은 호흡 단계의 한 측면이다)의 끊임없는 움직임으로 가려진다. 우리가 계속해서 움직이거나 말을 하고 있으니 말이다. 자리에 앉아 입을 다물면 그 가림막이 치워진다. 말이 줄어 호흡만 남고 몸의 움직임이 줄어 정지 상태가 되면, 마음이 뚜렷이 드러난다. 이것은 우리가 자려고 누웠을 때 일어나는 일과 비슷하다. 하지만 앉아서 명상하면 마음이 밖으로 드러나서 더 잘 보이게 되며, 우리는 그것에 깨어 있을 수 있게 된다.

그래서 많은 명상 초보자들이 명상 때문에 속이 더 시끄러워졌다고 불평하는 것이다. "전에는 이렇게 생각이 많지 않았다고요!" 아니다, 당신은 전에도 생각이 많았다. 다만 그런 줄 몰랐을 뿐이다. 전에는 당신 생각들에 맑게 깨어 있지 못했다.

하루를 10분 명상하는 것으로 시작하기를 권한다. 길게 할수록 좋지만, 너무 무리하지 않는 게 좋다. 목표를 너무 높게 잡지 않되 약간 도전적인 것이 성장에 유익하다는 걸 기억하자. 아침에 명상하는 것이 좋지만 하루 중 아무 때나 해도 괜찮다. 나는 맑게 깨어 있기의 광팬이라서 날마다 하루를 명상으로 시작하고 명상으로 마친다.

앉아서 하는 명상은 놀라울 정도로 단순하다. 그 단순함에 굴복하라. 그것을 이기려 하지 마라. 이 수련의 심오함은 바로 이 단순함에서 온다.

질문과 답변

● 당신은 자각몽 꾸기를 통해 스스로 자신의 안내자가 된다고 말한다. 하지만 어떤 이들은 '꿈 안내자'나 꿈 속에서 도움을 주는 존재가 있다고 말하기도 한다. 그에 대해서는 어떻게 생각하는가?

일반적으로 우리가 밤에 하는 여정은 혼자서 하는 여정이다. 일단 기법을 배우고 나면 당연히 혼자서 할 수 있다. 하지만 안내자의 존재나 초자연적인 도우미를 믿는 사람들은 그들의 도움을 받을 수 있다. 칼 융은 꿈 속에서 자신의 영적 가이드이자 지혜로운 노인의 원형인 필레몬Philemon을 처음 만났다. 하지만 융은 외부의 구루처럼 보이는 이 존재가 실은 자신의 내적 지혜의 표현일 뿐이라고 암시했다. "[필레몬은] 단지 더 높은 차원의 앎일 뿐으로, 나에게 심리적 객관성과 영혼의 실재함을 가르쳐주었다. 그는 내가 전혀 생각지 못했던 모든 것들을 구체화해서 보여주었다." 나에게는 이런 특별한 안내자는 따로 없지만 매일 밤 '외부의' 도움에 나를 열어놓는 짧은 기도문을 읊고 있다. 한 번 더 말하지만, 이런 종류의 것들이 당신에게 효과가 있다면 활용하라. 그렇지 않다면 굳이 만들지 않아도 된다.

● 의도와 믿음만으로 맑게 깨어 있음의 상태를 일으킬 수 있다는 말이 좀처럼 믿기지 않는다. 그게 정말 그토록 간단한 일인가?

이런 간단한 접근법들만으로 자각몽에 이를 수 있다고 자신 있게 말하는 나와 다른 수많은 교사들을 믿어야 하는 지점이 바로 이 부분이다. 하지만 간단하다는 것이 꼭 쉽다는 말은 아니다. 우리는 꿈을 존중하지 않는 문화 속에 살고 있으며, 꿈을 무시하는 그런 태도가 우리를 감염시켜 버렸다. 그것이야말로 일종의 빈곤 의식, "너는 할 수 없어"라는 무의식적인 태도이다. 그렇게 부정적인 것이 긍정적인 것을 이긴다는 연구 결과가 계속 나오는 것은 서글픈 일이다. 신경심리학자 릭 핸슨Rick Hanson은 말한다. "단 몇 번의 실패로도 학습된 무기력을 습득하기는 쉬워도 그것을 되돌리는 일은 수많은 성공 경험으로도 쉽지 않다."[26] 인간 관계에서도 한 번의 부정적인 행동이 일으킨 영향을 극복하려면 다섯 번의 긍정적인 상호 작용이 오가야 한다. 사람들은 삶의 전반에 걸쳐 이득을 얻기보다는 그만한 상실을 피하는 데 더 많은 노력을 쏟는다.

● 명상은 불교에서 하는 것 아닌가? 나는 불교나 어느 종교의 수련에도 관심이 없다.

명상이 불교 전통(그리고 다른 많은 종교 전통)의 일부이기는 하지만 본질적으로 종교적이거나 영적인 것은 아니다. 사람들이 자주 명상을 종교나 영성과 한 덩어리로 생각하는데 자세히 보면 그렇지 않다는 걸 누구나 알 수 있다. 내가 제시한 명상의 방법에 종교적이거나 영적인 요소가 하나라도 있던가? 명상은 인간의 마음으로 작업하는 것이다. 자기 마음과 친숙해지고, 마음과 소통하고, 마음에 열리고, 마음에 힘을 주며, 마음의 내용물에 맑게 깨어 있는 것이다. 명상은 내적인 기술이다. 그것은 본질적으로 중립이다.

하지만 다른 모든 기술과 마찬가지로 명상은 여러 다른 방식으로 활용될 수 있고, 개중에는 영적이거나 종교적인 방식으로 활용되는 것도 있는 것이다. 우리는 지금 맑게 깨어 있는 힘을 기르기 위해 명상을 활용하고 있다. 명상이 몸과 마음에 미치는 유익함을 보여주는 과학적 연구가 6천 건도 넘게 있지만, 그중에 명상을 영적이거나 종교적인 것으로 다루는 것은 단 하나도 없다.

● **명상 중에 자꾸 졸음이 올 때가 있다. 그럴 때는 어떻게 해야 하는가?**

흔히 있는 일이고 쉽게 해결할 수 있다. 명상 중에 마음이 느슨해지면 우리는 그 고요함을 수면과 연관 짓는 경향이 있고, 그래서 졸기 시작한다. 이는 대개 '지나치게 느슨해서' 오는 결과이다. 이 늘어짐을 해소하려면 눈을 감고 있던 사람은 눈을 뜨고 시선을 위로 올린다. 눈은 초점 없는 상태로 유지하되, 감각 자극을 받을 수 있도록 마음을 열어놓는다. 등을 곧추세워 자세를 바르게 한다. 마음이 느슨해질 때 몸의 자세도 무너진다는 걸 알게 되는 경우가 많을 것이다. 그래도 잠이 오면 몇 번 심호흡을 해서 몸에 신선한 공기가 들어오게 한다. 그것도 소용없으면 명상을 중단하고 한숨 자는 것이 좋다.

● 때로는 내 마음이 마구 날뛰는 것처럼 느껴진다. 마음이 통제가 안 되고 혼란스러워진다.

　명상은 전통적인 의미의 '마인드 컨트롤'이 아니다. 마음을 어떤 상태에 억지로 욱여넣는 것이 아니다. 그렇게 하면 너무 팽팽해진다. 우리가 하려는 것은 마음과 좀 더 건강하고 맑게 깨어 있는 관계를 확립하는 것이다. 마음이 마구 내달리거든 루 리드Lou Leed(미국의 싱어 송라이터—옮긴이)가 노래하듯이 "색다른 경험을 감행해a walk on the wild side"보라. 가만히 앉아서 펼쳐지는 장면들을 바라보되 그것들 속으로 휘말려들지는 마라. 마음이 하는 일들을 알아봐 주고 오히려 그것들을 축하해 주라. '우와, 저 많은 생각들 좀 봐, 대단한데!' 이와 같은 관계의 전환이 극적인 효력을 발휘하여 당신의 '미친 마음'과 '정상적으로' 소통하도록 도와줄 수 있다. 마음이 날뛸 때는 어떻게 하나? 내면의 야성野性을 겁내지 말고 담대한 탐험가가 되어 그 속에서 즐겨라. 내면에 '거친 바람'이 불면 어떻게 하나? 연鳶을 날려라.

　이런 접근법이 불면증을 다루는 데도 쓸모가 있다. 잠이 오지 않는 상태란 마음이 우리에서 풀려나 신체적 제약이 없는 상태이다. 명상 중에 마음이 마구 내달리거든 (눈을 뜨고 있던 사람은) 눈을 감고, 시선은 아래로 떨구며, 자세를 편안하게 해준다. 그리고 어떤 효과가 나는지 살펴본다. 성공의 열쇠는 자신한테 친절해지는 것이다. 명상에 노력을 기울일 필요는 분명히 있다. 그러지 않으면 명상하는 게 아니라 멍 때리는 거나 같다. 하지만 지나치게 애쓰지는 마라. 지나친 느슨함과 지나친 팽팽함 사이에서 중도를 유지하라.

● 나는 아무리 해도 생각을 멈추기가 어려운 것 같다. 이것은 명상이 나한테 맞지 않다는 뜻일까?

명상의 목적은 생각을 멈추는 게 아니다. 이 점을 정말로 강조하고 싶다. 명상이 중단시키는 건 생각과의 부적절한 관계이다. 지난 수십 년 동안 명상을 지도하면서 내가 본 가장 흔한 문제는 명상 자체가 아니라 명상에 대한 사람들의 정의定義이다. 저마다 명상에 대한 온갖 선입견을 가지고 와서는 더없이 단순한 수련에 그런 복잡한 개념들을 덧씌우려 하는 것이다. 이것이 바로 문제의 시발점이다. 명상에 대한 당신의 이해부터 명확히 해야 하는데, 그런 이해는 실제로 명상을 실천함으로써만 얻을 수 있다.

● 책 한 권으로 정말 명상을 배울 수 있는가?

당신은 책을 읽고 골프 치는 법이나 바이올린 연주법을 배울 수 있는가? 그렇기도 하고 아니기도 하다. 책에는 기본 정보가 나와 있고 관점과 철학이 이해하기 쉽게 설명되었을 수 있다. 하지만 직접 배우고 실습하는 것이 당연히 도움이 된다. 마음 챙김이 한창 유행하는 요즘에는 자칭 명상 강사임을 내세우고 활동하는 사람들이 많이 있다. 시간을 내어 명상 강사를 찾아보라. 어려운 질문을 하고, 그 강사에게 배운 다른 사람들과도 이야기 나눠보고(참고삼아), 각종 자격증이나 레벨 인증서를 보여달라고 요청하라. 훌륭한 강사들도 많지만, 깊이 없이 시늉만 하는 이들도 많으니 말이다.

6. 서양의 낮 시간 유도 기법들

　지금까지 여러 준비 작업을 통해 '꿈의 구장'을 마련했다. 이제 씨를 뿌릴 시간이다. 이어지는 장들에서 나는 낮과 밤에 꿈을 유도하는 동·서양 최고의 기법들을 소개할 것이다. 중요한 것은 그 방법들 모두를 터득하거나 시도해 보는 것이 아니다. 핵심은 '맑게 깨어 있기'이지 거기에 도달하기 위한 방법이 아니다. 여러 다양한 방법을 소개하는 까닭은 우리가 각기 다르기 때문이다. 자각몽 꾸기는 '한 가지 방법으로 누구에게나 다 통하는' 수련이 아니다. 당신한테는 맞는 방법이 친구한테는 맞지 않을 수 있다. 서양식 기법이 잘 맞는 사람들이 있고 동양식 방법이 잘 맞는 사람들이 있다. 또 시간대에 따라서 효과적인 방법이 달라질 수도 있다. 자신에게 맞게 조정해서 쓸 수 있도록 다양한 방법을 소개해 보겠다.

　당신은 새로운 모험에 나설 때 누가 하나하나 친절하게 안내해 주기를 바라는 사람인가? 아니면 스스로 길을 잘 찾아나가는 타입인가?

두 방법 다 자각몽 꾸기에 효과가 있다. 무엇을 해야 할지 조언을 받고 싶다면 여기 먼저 소개하는 기법들에 집중하도록 한다. 자기만의 길을 찾고 싶다면 그 다음에 나오는 다양한 방법들을 가지고 실험해 보고 그 가운데 어느 것이 자기한테 잘 맞는지 본다. 이 두 가지 접근법이 있다는 걸 알고 있으면 얼마나 많은 기법들이 있는지 알고 그 수에 압도되지 않을 것이다.

효과가 있는 방법을 찾았으면 계속 그 방법을 고수한다. 그것이 '자각몽 꾸기'의 세계로 들어가는 티켓이다. 교사가 되거나 다재다능한 전문가가 될 생각이 아니면 다른 방법들은 하지 않아도 된다. 적어도 몇 주간은 한 가지 방법에 매달려 그것에 기회를 주기를 권한다. 이 기법에서 저 기법으로 너무 빨리 옮겨다니면 어느 것에서도 별 효과를 보지 못할 수 있다. 하지만 여러 가지 방법에 노력을 쪼개어 투입한다 해도 맑게 깨어 있기 위한 시도들은 전부 축적된다. 강한 의도를 갖고 이제껏 쌓아온 노력의 결과로, 머지않아 맑게 깨어 있기의 문이 활짝 열어젖혀질 것이다.

자각몽 꾸기를 시도하는 것만으로도 당신은 꿈 세계와의 관계, 즉 무의식적 마음과의 관계를 변화시키기 시작한다. 당신은 의식적 마음과 무의식적 마음 사이에 2차선 도로를 열고 있고, 이제 도움되는 정보들이 흘러 들어올 수 있게 되었다. 따라서 처음에는 아무 일도 일어나지 않는 것처럼 보이더라도 분명 뭔가가 일어나는 중이다. 단지 수면 아래서, 당신의 의식적 마음 아래에서 일어나고 있을 뿐이다.

그 일이 이미 당신한테서 일어나고 있는가? 꿈 세계에 뭔가 변화가 일어나기 시작했는가? 이 책을 읽기 시작한 후로 어떤 변화들이 일어 났는가?

맑게 깨어 있는 상태에 도달하는 것은 커다란 솥에 담긴 찬물을 데 우는 것과 같다. 찬물은 맑지 않은 꿈을 꾸어온 평생의 시간이고, 열은 당신이 수련에 들이는 에너지의 총량이다. 처음에는 아무 일도 일어나 지 않는 것처럼 보인다. 수련을 계속하지만 아무런 효과도 없는 것만 같다. 그러다가 어느 날 물 속에서 기포가 올라오기 시작하고, 당신은 처음으로 자각몽을 꾼다. 그동안의 모든 노력이 솥을 데우고 있었던 것이다. 그러니 노력하는 것만으로 당신은 데워지고 있는 중이다.

이것을 이해하는 게 중요하다. 좌절하기가 쉽기 때문이다. 성공의 비결은 굳은 결심과 끈기이다. 달라이 라마Dalai Lama가 가치 있는 일 을 두고 말하듯이, "절대 포기하지 마라!"

점점 데워지는 듯한 기분이 드는가? 아니면 경험이 여전히 차가운 편인가? 그렇다면 그 상황을 데우기 위해서 어떻게 해야 할까?

☾ 꿈 기억력 높이기

우리는 밤마다 네다섯 번의 꿈꾸는 시간(렘 수면)을 가진다. 밤마다 맑게 깨어 있을 기회가 적어도 네 번은 있다는 얘기다. 자기는 꿈을 꾸지 않는다고 말하는 사람들이 있는데 이는 실은 꿈을 기억하지 못한다는 말이다. 그러므로 우리가 먼저 할 일은 꿈 기억력을 향상시키는 것이다. 어느 스승의 말따나 "꿈이 있어야 맑은 꿈도 있다." 이미 매일 꾸는 꿈을 몇 가지 기억하는 사람이라면 이 대목은 건너뛰어도 좋다.

매일 밤 꾼 꿈을 몇 개나 기억하는가? 이 책을 읽기 시작한 뒤로 꿈 기억력에 어떤 변화가 있는가?

명상을 시작한 뒤로 꿈 기억력이 좋아졌는가?

꿈을 잘 기억하는 것은 꿈의 중요성에 대한 당신의 태도와 믿음과 관련된다. 꿈의 가치를 인정하지 않으면 당신은 꿈을 무시할 것이다. 그러니 꿈과 관련된 책을 읽거나 팟캐스트나 TED 강연을 듣거나 세미나에 참석하거나 해서 꿈과 당신의 관계를 개선하도록 하라. 꿈을 소중히 대접하면 그것들이 당신을 더 자주 찾아올 것이다. 꿈 연구자

패트리시아 가필드Patricia Garfield는 "꿈을 아예 '믿지 않거나' 꿈이란 한갓 난센스라고 믿는 사람들은 꿈을 기억하지 못하거나 난센스 같은 꿈만 꾼다. 꿈은 당신이 만드는 것이다.…… 꿈 상태는 깨어 있는 태도에 반응한다"[27]라고 말한다.

다음으로, 스스로에게 내 꿈을 반드시 기억하겠다고 단호히 말하는 식으로 의도의 힘을 강화하라. 열과 성을 다하라. 잠을 충분히 자고, 늦잠도 허용하라. 자각몽 꾸기가 주는 재미 중 하나는 침대에 느긋하게 늘어져 꿈의 황금 시간대를 최대한 활용할 수 있도록 한다는 것이다.

| 연습 | 꿈 기억력 쌓기 |

꿈을 기억하기가 영 힘들거든 생각나는 꿈의 작은 조각만이라도 적어본다. 한밤중이든 잠에서 막 깨어난 아침이든, 잠을 깨웠으면 스스로에게 물어본다. "방금 내가 꿈을 꾸고 있었나?" 눈을 감고 꿈의 한 자락이라도 다시 떠올려본다. 냄새가 나면 그것을 따라간다. 기억이 나면(연습하다 보면 기억나게 될 것이다) 몸을 움직이지 않는다. 움직이면 의식이 깨어나 당신을 꿈 세계 밖으로 끌어낸다. 이미 몸을 움직였는데 방금 꿈을 꾼 것 같다면, 처음 깨어났을 때의 자세로 돌아가라. 기억은 우리 몸속에 살고 있다. 따라서 처음 자세로 돌아가면 꿈 속으로 다시 들어가게 될 수도 있다. 천천히 옆으로 돌아누우면서 꿈이 기억나는지 보라.

이 연습에서 경험한 것을 아래 빈 줄에 써본다. 가만히 누워 안을 들여다보는 것이 꿈을 되살리는 데 도움을 주는가? 아침에 조심스럽게 옆으로 돌아눕는 것이 도움을 주는가?

_____

_____

_____

꿈을 기억하는 데 도움되는 것으로 낮 시간에 할 수 있는 연습 방법이 있다. 낮에 아무 때나 울리도록 몇 차례 알람 같은 것을 설정해 둔다. 알람이 울리면 하던 일을 멈추고 방금 전에 무슨 생각을 했는지 기억해 본다. 공상에 잠기거나 몽상에 빠져 있었다면 마음속으로 다시 그 순간으로 돌아가 그때의 이미지(장면)들을 떠올려본다. 이것은 또 하나의 양방향성 또는 왕복 수련이다. 낮에 하는 일이 밤에 하는 일에 도움이 되고 반대의 경우도 마찬가지다.

　다음 한 주 동안 이 수련을 해보고 경험한 것들을 기록한다. 알람이 울리기 전에 하고 있던 생각들을 기억해 낼 수 있는가? 아니면 흔적조차 찾기 어려운가?

_____

_____

이 수련은 준비 작업이면서 동시에 현 상태를 보여주는 작업이다. 이 수련을 통해 꿈을 더 잘 기억할 수 있도록 자신을 준비시키면서 현재 자신이 꿈을 얼마나 많이 기억하고 있는지 알 수 있다. 이 수련으로 당신이 어떻게 달라졌는지를 아래 빈 줄에 기록해 보라. 수련할수록 꿈 기억력이 더 좋아지고 있는가?

_____

_____

_____

_____

☾ 상태 점검

꿈을 꾸면서 자기가 지금 꿈꾸고 있는 줄을 모르는 가장 큰 이유는 꿈 속에서 체험하는 상황에 의문을 제기하지 않기 때문이다. 우리는 꿈에 무슨 일이 일어나든지, 그게 아무리 황당한 일이라도 맹목적으로 받아들인다. 용이 불을 뿜으며 당신 앞을 지나가는데도 그런가 보다 한다. 독수리와 나란히 날아가면서 아무렇지도 않게 그것을 현실로 받아들인다. 돌아가신 아버지가 현관 앞에 나타났는데도 이상하다고 생각하지 않는다. 이 순진한 묵종, 즉 상황을 보이는 대로 받아들이는 것이 맑게 깨어 있지 못함의 본질이다. 상황을 액면 그대로 받아들이면 맑지 않은 꿈에 계속 갇혀 있게 된다.

이런 설명이 당신 꿈에도 그대로 적용되는가? 꿈 속에서 아무리 기괴한 일이 일어나도 그러려니 하는가? 꿈 속 상황에 대해 한 번이라도 의문을 가져본 적이 있는가?

_____

_____

상태 점검 또는 현실 점검에서 핵심은 당신의 경험에 대해 좀 더 비판적인 태도를 갖는 것이다. 우리는 낮에 수련을 시작해서 그것을 꿈 속까지 연장시킨다. 자각몽 꾸기의 세계에서도 우리는 자동차 뒤에 흔히 붙어 있는 스티커의 문구처럼 "권위에 의문을 제기해야Question Authority" 한다. 당신은 평소에 논쟁 없이 받아들였던, 나타나는 모든 것에 의문을 제기해야 한다. 이렇게 함으로써 자신이 지금 어떤 의식 상태에 있는지 점검해 보는 것이다. 당신은 지금 깨어 있는가, 아니면 꿈꾸고 있는가?

연습 | 상태 점검 방법

방법은 간단하다. 낮에 뭔가 이상하거나 평범하지 않은 일, 꿈같은 일이 발생할 때마다 상태 점검을 하는 것이다. 상태를 점검하는 방법은 여러 가지다. 자신의 손바닥을 들여다본다. 이제 잠시 손을 시야 밖으로 옮겼다가 다시 눈앞으로 가져온다. 지금 당장 해보라.

손바닥이 조금 전과 똑같아 보이는가? 아니면 다르게 보이는가?

손바닥이 조금 전과 똑같아 보인다면 그건 지금 당신이 깨어 있다는 뜻이다. 하지만 손가락이 여섯 개로 보이거나, 엄지손가락이 녹색이거나, 손가락 하나가 떨어져나가거나 길이가 달라 보인다면, 지금 당

신이 꿈을 꾸고 있다는(또는 약에 취해 있다는) 뜻이다. 하루에 적어도 다섯 번 이 방법 또는 뒤에 나오는 다른 방법들로 상태를 점검해 보라. 이렇게 당신이 어떤 상태인지 점검하는 버릇을 들여라. 그러면 그 버릇이 자연스럽게 꿈 속으로 확장될 것이다.

몇 가지 방법이 더 있다. 디지털 시계가 있으면 그것을 본다. 시계를 잠시 안 보이는 데 두었다가 다시 본다. 똑같은 시계로 보인다면 깨어 있는 것이다. 하지만 시계가 눈에 띄게 달라졌다면 지금 꿈을 꾸고 있는 것이다. 좀 부자연스럽게 느껴지더라도 시계를 보았다가 치웠다가 다시 바라본다. 그 시계가 방금 전에 본 것과 같은가? 아니면 다른 시계로 보이는가?

내가 제일 좋아하는 상태 점검 방법이 있는데 그것도 아주 쉽다. 제자리에 서서 위로 점프만 해보면 된다. 다시 땅으로 내려오면 깨어 있는 것이다. 만일 계속 위로 올라가거나 아래로 떨어져 땅 속으로 들어간다면 지금 꿈꾸고 있는 것이다. 그러니 지금 바로 일어나 점프해 보라. 이런 식으로 날마다 적어도 다섯 번 정도 점프하면서 어떤 일이 일어나는지 본다. 많이 하면 할수록 습관이 더 잘 든다.

지금 자신이 깨어 있는지 꿈꾸고 있는지 알아보는 자기만의 점검 방법을 찾아보고 그것을 여기에 적는다. 새로운 점검 방법을 생각하는 것만으로도 깨어 있는 상태나 꿈꾸는 상태에 더욱 섬세하게 연결

될 수 있을 것이다.

_____

_____

_____

낮 동안 일어나는 이상한 일들을 민감하게 알아차리고 현실을 점검하는 것이 이 활동의 목적이다. 예를 들어 다음번에 책장에서 책이 툭 떨어지거든 선 자리에서 점프한 뒤 다시 착지하는지 확인해 본다. 새가 창문으로 날아들다 쿵 하고 부딪치거나, 이웃집 애완동물이 길을 잃고 당신 차고로 잘못 들어오거나, 전구가 터지거나 하거든 상태 점검을 해보라. 대통령이 새들을 쫓다가 어제 내놓은 쓰레기통으로 달려드는 등 뭔가 터무니없는 일이 일어나거든 상태 점검을 해보라.

오늘부터 며칠 동안(자각몽 꾸기에 정말 진지하다면 남은 일생 동안) 당신한테 일어나는 꿈같은 일들을 모두 기록한다. 그 기괴하고 가당찮은 일들을 여기에 적어본다.

_____

_____

_____

_____

낮 동안 계속 상태 점검을 하다 보면 꿈 속에서도 자신의 상태를 점검하기 시작할 것이다. '잠깐! 아버지는 돌아가셨잖아?' 또는 '내가 어떻게 공중을 날아가지? 이건 꿈임에 틀림없어!' 그 순간 당신은 맑게 깨어난다. 이것이 습관의 힘을 유용하게 사용하는 방법이다. 맑지 않은 상태로 되는 대로 흘러가는 안 좋은 습관을 자신의 의식 상태를 점검하는 좋은 습관으로 대체하는 것이다.

일단 이 수련이 몸에 배면 일상 생활에서 일어나는 이상하고 꿈같은 사건들이 훨씬 민감하게 감지될 것이다. 당신은 낮 시간에 일어나는 이상한 일들을 감지해 현실 점검을 해보도록 신호를 보내주는 새로운 안테나 세트를 설치하고 있다. 이렇게 강화된 알아차림 능력은 맑게 깨어 있음의 한 형태이며, 이런 능력은 자연스레 꿈 속으로 이어질 것이다. 달리 말해서 당신이 상태 점검을 하든지 하지 않든지 간에, 이상한 것들을 민감하게 알아차리도록 스스로를 훈련시키는 것 자체가 맑게 깨어 있기 수련이라는 얘기이다. 그러므로 이것은 또 하나의 '일거양득' 수련이다. 돌 하나로 새 두 마리를 잡는 것이다.

이상한 일이 생길 때마다 자동으로 상태 점검을 하는 경지에 이를 필요가 있다. 누가 재채기를 하면 "건강하시길Gesundheit!"이라는 말이 자동으로 나오도록 자신을 훈련시키는 것과 비슷하다. 나는 하루에도 몇 번씩 상태 점검을 위해 점프를 하며 맑게 깨어 있는 상태로 돌아오곤 한다.

❧ 꿈 신호

꿈 신호dream sign를 가지고 작업하는 이유는, 상태 점검과 마찬가지로, 궁극적으로는 꿈 속으로 신호를 보내 당신이 꿈꾸고 있다는 사실을 귀띔해 주는 '깨어 있음 팝업창'을 설치하기 위한 것이다. 꿈 신호 란 책장에서 책이 떨어지거나 새가 창문에 부딪치거나 낯선 고양이가 차고를 걸어 다니는 것과 같은, 낮에 일어나는 이상하고 엉뚱하고 꿈 같은 사건들이다. 낮 버전의 꿈 신호들에 대해서는 이미 언급했으니, 여기서는 어떻게 밤의 꿈 신호들로 작업하는지 이야기하겠다.

반복적으로 꾸는 꿈들을 이 책 뒤쪽에 마련된 공란에 기록하는 데 서부터 시작해 보라. 이것은 지금부터 시작하는 장기 프로젝트이다. 그런 다음 그 꿈들의 공통된 특징을 민감하게 알아차린다. 반복적으로 나타나는 특징들은 형광펜으로 칠해서 눈에 띄게 할 수도 있다. 그 반복되는 꿈들 속에 되풀이되어 나오는 사람이나 장소, 이미지에 주목한다. 그런 다음, 다음번에 그 되풀이되는 사람, 장소, 느낌이나 이미지를 다시 마주친다면 자신이 지금 꿈꾸고 있음을 알려주는 신호로 사용하겠다는 의도를 가지고 살펴보고 기억해 둔다. 몇 주 안에 당신이 꿈꾸고 있음을 알아차리는 데 사용할 수 있는 꿈 신호 목록을 만들수 있을 것이다. 예컨대 당신한테 스스로 이렇게 말할 수 있다. "다음번에 꿈에서 돌아가신 삼촌(또는 다른 망자)이 나오면, 그것을 내가 꿈꾸고 있다는 신호로 삼자." 비행기를 타려고 공항을 가로질러 뛰거나, 스키를 타거나, 시험을 쳐야 하는데 준비가 안 되어 있는 상황 같은게 반복되어 나타난다면 그 역시 신호로 삼을 수 있다.

자각몽을 꾸는 친구 한 명은 자신이 유년기를 보낸 이리 호(미국 동부에 있는 5대호의 하나―옮긴이) 인근의 집에 대한 꿈을 수십 년 동안 반복해서 꾼다고 한다. 그녀는 그 집이나 이리 호에 대한 꿈을 꿀 때마다 그것을 꿈 신호로 받아들이도록 자신을 훈련시켰다. 간혹 자기가 지금 꿈꾸고 있음을 확인하려고 상태 점검을 할 때도 있었지만, 그런 일이 자주 반복되다 보니 이젠 매번 그럴 필요가 없어졌다. 집과 호수의 이미지들이 나타나는 것만 가지고도 자기가 꿈꾸고 있음을 알게 되었기 때문이다.

☾ 미래 기억

기억은 자각몽 세계에서 큰 역할을 한다. 자각몽은 자신이 꿈꾸고 있다는 사실을 기억하면서 꾸는 꿈이다. 그러므로 맑지 않음이란 잊어버림에 따른 결과이다. 꿈꾸고 있을 때 자기가 꿈꾸고 있다는 사실을 잊는 것이다.

우리가 하는 기억은 대부분 과거를 돌아보는 회고적 기억이다. 이와 달리 미래 기억prospective memory이란 미래에 하기로 한 어떤 일을 기억하는 것이다. 당신이 꿈 속에서 깨어날 것(이것은 미래에 있을 일이다)을 기억하려고 노력하고 있다면, 당신은 '미래 기억'을 가지고 작업하는 것이며, 몇 가지 연습을 통해 이를 더 강화시킬 수 있다. 앞에서 꿈 신호와 상태 점검에 대해 말할 때 우리는 암암리에 이런 형태의 기억을 가지고 작업을 했다. 이제는 내놓고 미래 기억을 다룰 차례이다.

여기에서 해야 할 수련은 지정된 사건이 일어날 때마다 잊지 않고 상태 점검을 하는 것이다. 이 경우에 그런 사건은 비단 꿈 신호뿐 아니라 다른 어떤 것도 될 수 있다.

아래 옵션들 가운데 일상 속에서 자주 일어날 법한 것을 하나 골라 상태 점검용으로 사용한다. 매너리즘에 빠지지 않도록 매일 새로운 사건을 신호로 정하는 것이 좋다.

오늘 하루 동안 당신을 민감하게 열어두고, 문자 메시지를 받을 때마다 상태 점검을 한다.

밤이 되면, 하루 동안 몇 번이나 이것을 기억하고 시행했는지 적는다.

거울을 볼 때마다 상태 점검을 한다. 밤이 되면, 하루 동안 몇 번이나 이것을 기억하고 시행했는지 적는다.

사이렌 소리가 들리면 이것을 신호로 삼는다. 하루가 끝나면 몇 번이나 이것을 기억하고 상태 점검을 할 수 있었는지 적는다.

개 짖는 소리가 들릴 때마다 상태 점검을 실시한다. 잘되었는가?

문을 지나쳐 갈 때마다 상태 점검을 한다.

냉장고 문을 열 때마다 상태 점검을 한다.

비행기 나는 소리가 들릴 때마다 상태 점검을 한다.

이제 어떻게 하는지 알았을 것이다. 위의 신호들이 효과가 없다면 자기만의 신호를 만들어 아래에 적는다.

우리는 명상을 통해 기억력 근육을 강화하기 시작했다. 명상 중에 몸과 호흡으로 돌아가 '깨어나'라고 속으로 말하는 순간이 곧 '기억'의 순간이다. 영어의 '마음 챙김mindfulness'에 해당하는 단어가 티베트어로는 '기억하다'라는 뜻의 '드렌파drenpa'일 정도로 이는 굉장히 중요한 순간이다. 영어의 '기억memory'이라는 단어도 라틴어 'memor'에서 왔는데, 'memor'는 '깨어 있는'이라는 뜻이다. 잊어버리는 것이 문제라면 해결책은 '기억하기'이다. 명상 수련과 미래 기억 수련 모두

기억을 잘하도록 우리를 도와줄 것이다.

기억력을 강화하는 것 역시 다른 모든 형태의 운동과 마찬가지로 노력과 끈기가 필요하다. 헬스장에 한 번 가서 단번에 400~500킬로 그램을 들어 올릴 수는 없다. 근육의 힘을 기르기 위해서는 4~5킬로 그램짜리를 백 번 또는 400~500그램짜리를 천 번은 들어 올려야 한 다. 반복과 끈기가 성공의 열쇠이다.

운동하러 가길 싫어하는 것이 실은 당신에게 신체 단련이 얼마나 중요한지를 보여주는 것이듯이, 이 수련들은 맑게 깨어 있기가 얼마 나 중요한지를 보여준다. 당신은 기꺼이 이 수련을 할 의향이 있는가? 아니라면 그 이유가 무엇인가?

☾ 비디오 게임과 가상 현실

심리학자 제인 가켄바흐Jayne Gackenbach는 잠들기 전에 비디오 게 임을 하면 꿈 속에서의 알아차리기 및 통제력 수준이 향상될 수도 있 음을 증명하였다. 이치에 맞는 얘기이다. 비디오 게임과 꿈은 모두 대 체 현실을 상징하고, 비디오 게임을 하는 것은 꿈 속에서 더욱 깨어 있는 상태로 있도록 도와주기 때문이다. 허구이지만 통제가 가능한 세상에서 시간을 보내면 비슷한 시각으로 꿈 속의 세상을 볼 수 있게 된다. 게임하는 사람들은 게임 환경을 통제하는 연습을 하는데, 이것이 꿈을 통제하는 능력으로 이어질 수 있다.

당신이 게임하는 사람이라면, 꿈 속에서의 경험이 향상된 것을 알아차린 적이 있는가?

가켄바흐는 연구 영역을 가상 현실virtual reality(VR)로 확장해서도 비슷한 결론을 얻었다. "이 모두가 하나의 결론을 가리킨다. 깨어 있는 시간의 현실을 바꿔놓으면 기억이 바뀐다. 당신이 한 가지 현실 안에서 산다고 생각하면 할수록 다른 현실들에 대한 당신의 기억도 바뀌게 된다."[28] 가상 현실 장치들은 비현실적인 상황을 더욱 깨어 있는 의식으로 대하도록 사용자들을 훈련시킬 수 있다. 네덜란드의 인지신경과학자 마르틴 드레슬러Martin Dresler는 이렇게 말한다. "자각몽을 꾸는 빈도를 높이는 전략 중 하나는 꿈과 연관된 생각을 많이 하는 것이다. 그러므로 꿈과 비슷한 환경—많은 가상 현실 프로그램이 그런 환경이다—에 몰두하는 것이 자각몽의 빈도를 높인다는 건 실제로 일리 있는 얘기이다."[29]

한 인지신경학자와 공동으로 과학적 연구물을 집필 준비하는 과정에서 나는 가상 현실을 광범위하게 체험하는 기회를 가졌다. 그것은 내가 이제까지 낮에 해본 경험 중 자각몽과 가장 비슷했다. 가상 현실을 체험하고 온 첫날밤에 나는 자각몽을 꾸었는데, 가상 현실은 계속해서 자각몽을 꾸는 데 기름칠 역할을 해주었다. 보스턴 대학교 신경과학자 패트릭 맥나마라Patrick McNamara 교수는 "가상 현실 장치를 사용하면 렘 수면 때와 비슷한 뇌 상태, 즉 외부 입력에 영향받지 않는 시뮬레이션 상태로 들어간다. 따라서 이런 조건들 아래에서는 비슷한 뇌 상태들이나 시뮬레이션들을 다시 불러오기가 쉽다"[30]고 말한다.

가상 현실을 체험할 기회가 있다면 한번 해보기를 권한다. 해보고 나서 경험이 어땠는지, 그것이 당신 꿈 세계에 미친 영향이 있었는지 여기에 적어본다.

질문과 답변

◉ 현대인의 수면 패턴이 우리가 꿈꾸는 방식이나 꿈을 기억하는 데 영향을 미쳤을까?

그런 것 같다. 역사학자 로저 에커치Roger Ekirch에 따르면 여덟 시간을 통으로 자는 것은 비교적 최근의 현상이다. 그가 밝힌 바에 따르면 인간은 약 열두 시간에 걸쳐 잠을 잤는데, 그중 서너 시간 정도 '첫 번째 잠'을 자고 나서 두세 시간 깨어 있다가, 다시 서너 시간 정도 '두 번째 잠'을 잤다고 한다.(그의 훌륭한 저서,《해질녘: 지나간 시대들의 밤 At Day's Close: Night in Times Past》을 볼 것) 미국 국립정신건강연구소의 정신과 의사 토머스 웨어Thomas Wehr도 그의 주장을 뒷받침해 준다.(클라크 스트랜드Clark Strand의《어둠에 눈뜨다: 잠 못 드는 시대를 위한 고대의 지혜*Waking Up to the Dark: Ancient Wisdom for a Sleepless Age*》를 볼 것) 그러므로 통잠을 자는 현대식 수면 패턴이 꿈을 알아차리고 기억하는 걸 방해할 수도 있다.

● 정말로 기억이 몸에 저장되어 있는가?

그렇다. 놀라운 사실이 하나 있다. 장기 이식을 받은 사람들이 종종 기증자의 행동이나 외모, 습관 등등 그들로서는 도저히 알 수 없는 기증자 관련 정보를 알려주는 꿈을 꾼다는 것이다. 심장 이식을 받은 사람들이 종종 '심경(심장)의 변화'를 보이며 기증자의 성격을 닮아가기도 한다. 기억들은 신경 세포에 저장되어 있을 수 있지만, 신경 세포는 뇌에만 있는 것이 아니다. 당신이 무언가에 대해 '직감gut feeling한다'고 할 수 있는 것은 '제2의 뇌'라고 부르는 장腸(gut)에 1억 개나 되는 신경 세포들이 들어 있기 때문이다. 이것은 말초신경계나 척수에 들어 있는 것보다 많은 숫자이다. 이 장腸 신경계는 뇌와 마찬가지로 30개 이상의 신경 전달 물질이 관여하며, 체내 세로토닌의 95퍼센트가 실제로 장에서 발견되고 있다.(과민성 대장 증후군은 가끔 '제2의 뇌'의 정신 질환으로 불리기도 한다.[31]) 정신신경면역학자인 캔디스 퍼트Candice Pert는 한 술 더 떠서 몸이 곧 무의식이라고까지 주장한다.[32] 그러니 맞다, 기억들은 몸에 저장되어 있다.

● 꿈 속에서는 글 읽기가 어렵다는 말을 들었다. 이 말이 사실이라면 그것을 꿈 신호로 활용할 수 있을까?

물론이다. 비록 자각몽이라 해도 꿈에서는 글 읽기가 어렵다. 이것이 내가 꿈 신호들에 '뭉그러진 문장'을 포함시킨 이유 중 하나이다. 그러니 글을 읽기 어려운 것을 꿈 신호로 사용해도 된다. 꿈에서 글을 읽기 어려운 현상은 우리가 꿈꿀 때 우뇌가 활성화되고, 평상시 우세하게 작용하면서 정보의 순차적 처리에 관여하는 좌뇌가 비활성화되기 때문일 것이다.(깬 상태에서는 좌뇌가 우세하고, 꿈꾸는 동안에는 우뇌가 그 자리를 이어받는다.) 이 사실은 자각몽과 유체 이탈 체험out-of-body experience(OBE)을 구분하는 데도 도움이 된다. 대부분의 유체 이탈 체험은 실제로 자각몽 또는 초超자각몽들이다. 당신이 몸에서 빠져나오거나 변성된 상태처럼 느껴지는 중에도 글을 읽을 수 있다면 그것은 진짜 유체 이탈일 수 있다. 하지만 아무리 애를 써도 글이 읽어지지 않는다면 자각몽일 확률이 높다.

● 대마초 같은 향정신성 약물을 쓰는 건 어떤가?

현재 미국의 많은 주州에서 오락용 및 의료용 대마가 합법화되다 보니 이런 질문을 자주 받는다. 대마초는 술과 마찬가지로 렘 수면과 꿈을 억제하는 성질이 있다. 또한 비렘 수면 상태로 보내는 시간을 증가시키는데, 이는 원기가 회복되는 상태에서 더 많은 시간을 보낸다는 뜻이다. 하지만 대마초는 일반적으로 꿈꾸는 상태에서 더욱 활발해지는 우뇌의 활동을 증진시킨다. 다른 비슷한 물질들과 마찬가지로 대마초는 가벼운 환각제처럼 작용해 낮의 현실을 꿈꾸는 것과 비슷한 상태로 바꿔준다. 이러한 점에서는 대마초가 자각몽을 꾸도록 촉진할 수도 있다. 하지만 이 부분에 대한 평가는 아직 시기상조이며 사람들의 의견도 분분하다.

● 실로시빈(환각 버섯—옮긴이)이나 DMT, LSD 같은 강력한 향정신성 물질들은 어떤가?

요즘 환각제들이 다시 합법화되면서, 분류표 2(분류표Schedule 2번에 해당하는 약물들은 남용될 소지가 매우 높다. 중독이나 만성 통증을 다루는 약물들이 포함되어 있으며, 장기 사용시 위험할 수 있다. 다만 전문 의료인에 의해 처방될 수 있는 상황들도 있다—옮긴이)의 영역으로 돌아오게 될 수도 있는 것 같다. 이 말은 곧 의사들이 이 약물들을 처방할 수 있다는 이야기다.(마이클 폴란Michael Pollan의《정신을 바꾸는 법: 의식과 죽음, 중독, 우울, 초월에 대해 환각 약물의 최신 과학이 우리에게 가르쳐주는 것How to Change Your Mind: What the New Science of Psychedelics Teaches Us About Consciousness, Dying, Addiction, Depression, and Transcendence》, 제임스 킹슬랜드James Kingsland의《내가 꿈을 꾸고 있는 걸까?: 의식, 그리고 변성된 의식이 어떻게 뇌를 재부팅하는가에 대한 최신 과학Am i Dreaming?: The New Science of Consciousness and How Altered States Reboot the Brain》을 볼 것) 환각제 사용이 합법화되어 정부의 규제를 받기 전까지는(규제를 받는 건 좋은 일이다, 규제되지 않은 약물 사용으로 무슨 일이 벌어질지 아무도 모르니까), 이러한 의식 변성 약물들은 음지에 머물러 있을 것이다. 실로시빈과 트립타민 같은 LSD족族의 약물들은 렘수면을 촉진하는 경향이 있다. 이런 약물들은 아주 소량만 먹어도 자각몽 꾸기가 촉진된다고 말하는 사람들도 있다. 몇몇 나라들에서는 실로시빈과 아야와스카(DMT, 즉 영 분자spirit molecule인 '디메틸트립타민Dimethyltryptamine'을 전달하기 위해 가장 일반적으로 쓰이는 형태)의 사용이 법적으로 허용되어 있으며, 이런 지역에서는 성스러운 의식sacred ritual에 이 물질들을 사용한다. 이 물질들 또한 맑게 깨어 있기에 도움을 주는 것 같다. 이런 물질들이 꿈의 빈도와 선명도를 높여주었다고 말하는 사람들도 많다.(데이비드 제이 브라운David Jay Brown의《말똥하게 깨어서 꿈꾸기: 자각몽, 샤머닉 힐링, 그리고 환각제들*Dreaming Wide Awake: Lucid Dreaming, Shamanic Healing, and Psychedelics*》을 볼 것) 나는 꽤 보수적인 사람이지만, 이런 물질들이 정부가 규제하는 업계로부터 공급되고 전문가의 지도 아래 제대로 사용되기만 한다면, 나름대로 기여할 수 있는 부분이 있다고 생각한다. 그래도 그것들이 남용될 가능성은 분명히 있고, 그래서 아직 불법으로 남아 있는 것일 게다.

7. 동양의 낮 시간 유도 기법들

다음의 기법들은 동양적인 것들로, 모두에게 맞지는 않을 수도 있다. 스스로 자신의 안내자가 되어 자신의 경험을 신뢰하자. 나는 40년 넘게 동양 철학을 공부했고, 그래서 이 기법들이 나에게는 효과가 있었다.

하지만 나는 달라이 라마가 종종 했던 다음 말을 존중한다. "내가 말한 것이 당신에게 도움이 되거든 마음에 두고, 그렇지 않으면 창밖으로 내버리세요."

다음에 소개하는 동양적 유도 기법들은 '꿈의 구장'을 만들기 위해 모아놓은 기본 수련법들이다. 이러한 기법들이 앞으로 나올 좀 더 구체적인 유도 방법의 토대가 되어줄 것이다.

☾ 꿈과의 관계를 강화하라

낮 시간 유도 방법 첫 번째는 꿈과 더 친밀한 관계를 맺는 것이다.

• 우선 꿈 세계를 탐색하는 문헌, 그리고 자각몽 꾸기와 꿈 요가에 관한 문헌을 폭 넓게 읽고 공부한다. 당신이 읽고 싶은 책들의 제목을 아래에 적는다.

_____

_____

• 팟캐스트나 온라인 강의를 듣는다.
• 대면으로, 또는 나이트클럽Night Club이나 레딧Reddit 같은 웹사이트의 포럼을 통해서 생각이 비슷한 사람들과 어울린다.
• 이미 꾸고 있는 꿈들에 좀 더 관심을 둔다.
• 이 워크북에 있는 모든 연습을 적극적으로 실천한다.
• 꿈 일기를 적는다.

이렇게 하면 당신만의 꿈 세계를 구축하게 될 것이다. 기억하라, 자각몽 세계에서는 "보여야 믿는다"라는 오래된 격언이 뒤집어진다는 사실을. 이 세계에서 통하는 관념은 "믿어야 보인다"이다. 그러니 믿음을 갖기 위해 필요한 일을 하자.

낮 시간 유도 기법 두 번째는 서양에서도 서서히 받아들이고 있는 '명상'이다. 마음 챙김 혁명에 힘입어 서양에서도 명상이 자리를 잡게 되었다. 명상은 이제 맑게 깨어 있기 위한 방법으로 동양과 서양 모두에서 취하고 있으며, 그 중요성은 아무리 강조해도 지나치지 않는다. 이 책에 소개된 명상법들은 꿈꾸는 마음의 미묘함에 맞춰 고안된 미묘한 수련들이다. 밝은 대낮에 만나지 못한 무엇을 밤의 캄캄한 어둠 속에서 만나거나 알아본다는 건 어려운 일이다. 그 미묘한 차원들을 낮 동안에 '만나서' 익숙해지면, 자각몽이라는 형태로 그러한 미묘한 상태들을 알아차리기 시작할 것이다.

눈감고 잠시 당신 마음을 들여다본다. 어떤 명상 마스터들은 '1회 호흡 명상법'을 권한다. 주의를 기울여 한 번 들이쉬고 한 번 내쉰다. 그게 전부다! 한 번 잘되었으니 또 한 번 해본다. 그리고 나서 단 두 번의 호흡이 가져온 효과를 기록한다.

☾ 카르마

'카르마karma'는 영성 산업에서 가장 많이 쓰이면서도 흔히 오해받는 개념 가운데 하나이다. 서양에서는 보통 "가는 말이 고와야 오는 말이 곱다"는 뜻으로 가볍게 카르마라는 단어를 쓸 때가 많지만, 사실 카르마는 중력처럼 물리적 차원에서 작용하는 법칙이다. 카르마는

'행위action'라는 뜻이며, 인과율 또는 습관의 원리를 동양식으로 표현한 말이다. 습관은 이전에 했던 행동 패턴들의 결과인 동시에 미래 행동의 원인이나 조건이 된다.

이 워크북에서 우리는 맑게 깨어 있지 못한 상태를 낳는 무의식적 습관들을 맑게 깨어 있게 하는 의식적 습관들로 대체할 것이다. 그것을 알든 모르든 간에, 우리가 하는 모든 낮 시간의 깨어 있기 수련은 카르마 법칙과 맞물려 작용한다. 이를 두고 동양에서는 "뿌린 만큼 거둔다"고 말한다.

'근접 카르마proximate karma'는 현재의 의식 상태가 방금 전의 의식 상태에 좌우된다는 사실에 근거한 카르마 법칙이다. 이는 너무나 자명한 사실이다. 당신이 스트레스 잔뜩 받은 상태로 잠들면 스트레스 잔뜩 받는 꿈을 꿀 것이다. 반대로 명상 상태로 잠들면 훨씬 평온한 꿈을 꿀 것이다. 잠들기 직전에 한 행동이 꿈에 영향을 미친다.

세상을 자세히 들여다보면 카르마와 습관의 법칙이 어떻게 작용하는지가 보일 것이다. 그리고 어떻게 하면 그런 자연의 힘들을 당신한테 이로운 쪽으로 쓸 수 있는지 알게 될 것이다. 불교에서는 잠(꿈도 포함해서)을 '가변적인 정신 요인'이라고 부른다. 어떻게 조건화되느냐에 따라서 잠의 상태가 긍정적일 수도 있고, 부정적일 수도 있고, 중성적일 수도 있다는 뜻이다. 그리고 이 조건화는 대체로 방금 전의 마음 상태에 좌우된다. 잠은 근본적으로 아무 맛도 나지 않는 백지 상태라는 점에서 두부와 비슷하다. 두부의 맛은 그것을 무엇에 담그느냐에 따라 달라진다. 이제부터 우리는 다음의 기법들을 사용해 우리의 정신을 '깨어 있음'이라는 비법 소스 안에 푹 담글 것이다.

☾ 환영 알아차리기

'환영 알아차리기' 수련을 매일 하는 것은 꿈 요가의 세계가 이룬 가장 큰 공헌 가운데 하나이다. 환영 알아차리기는 매우 핵심적인 수련으로, 수많은 고전 문헌 속에서 꿈 요가(그리고 자각몽)가 이것의 한 부분으로 취급될 정도이다. 단순한 수련이지만, 단순하다고 해서 만만히 보면 안 된다. 하루 종일, 가능한 한 자주 "이건 꿈이야" 또는 "나는 지금 꿈을 꾸고 있어"라고 자신에게 말해준다. 하루 내내 이 만트라를 외면서, 눈뜨고 보내는 삶의 환영적 속성을 되새기면 잠자는 동안에도 꿈의 환영적 속성을 더 잘 알아볼 수 있고, 결과적으로 자각몽을 꿀 확률도 높아질 것이다.

자각몽 꾸기와 환영 알아차리기 수련은 상호간에 영향을 미치는 수련들이다. 환영 알아차리기 수련을 많이 할수록 자각몽도 더 많이 꾸게 되고, 자각몽을 많이 꿀수록 환영 알아차리기 수련도 더 잘하게 된다. 양방향성 원리에 따라 그 두 가지가 서로를 향상 또는 고양시킨다. 수련이 너무 단순하므로, 아래 나오는 연습 과제로 보충을 해줘도 된다.

연습	지속적으로 귀띔해 주기

집 안 곳곳─옷장이나 수납장 등 자주 찾는 곳─에 메모를 붙여 하루 종일 이 수련을 기억할 수 있도록 한다. 시리얼이 들어 있는 수납장을 열면 "이건 꿈이야"라고 상기시켜 주는 메모를 보게 될 것이고,

사물함을 열면 "나는 지금 꿈을 꾸고 있다"는 메모가 당신을 기다리고 있을 것이다. 환영 알아차리기 수련은 사실 영적인 수련이며, 영적 수련의 본질은 '기억해 내는 것'이다. 이런 메모들을 붙여놓기에 좋은 기발한 장소들을 떠올릴 수 있는가? 그 장소들을 아래에 적고, 오늘 당장 그곳에 메모를 붙여라.

연습 | 다만 꿈일 뿐

"이건 꿈이야." 이 말을 속으로만 하지 말고 크게 소리를 내서 한다. 소리 내어 암송하면 카르마의 힘이 강화된다. 동양에서는 생각에서 말로, 말에서 몸으로 넘어갈수록 카르마가 더 무거워진다고 여긴다. 그러니 이 말에 진심을 담아라. 당신이 지금 지각하는 모든 것이 꿈임을 몸이 느끼게 해보라. 이제 잠시 멈추고 사방을 둘러보라. 그리고 몇 분 동안 "이건 꿈이야"라고 반복해서 말하라. 진심으로 그렇게 느끼면서 말하라. 그러고 나서 알아차린 것을 기록한다. 세상이 좀 덜 견고하게 느껴지는가? 그것이 실제로 꿈처럼 느껴지기 시작하는가?

오늘은 어제다

내일의 눈으로 오늘을 바라본다. 당신이 어제를 살고 있었을 때는 그것이 무척 단단해 보였지만, 오늘의 눈으로 보면 그저 하나의 기억 또는 꿈만큼이나 가변적이다. 오늘의 일들을 내일의 눈으로 돌아본다면 오늘이 훨씬 더 환상 같아 보일 것이다. 어떤 느낌이 드는가? 당신의 경험을 아래에 적는다.

깬 상태로 꿈 꾸기

꿈의 특징들을 깨어 있는 삶에 대입해 본다. 예컨대 꿈은 대부분 지극히 시각적이고 앞뒤가 연결이 되지 않는다. 그러니 낮에 수면용 귀마개를 끼고 있는 등의 행동을 해보라. 이런 행동은 마치 꿈꾸는 듯한 몽환적인 상태를 불러일으킨다. 또는 눈을 깜박거릴 때 평소보다 좀 더 오래 눈을 감고 있어보라. 그러면 세상이 앞뒤 연결이 안 되는 것처럼 느껴질 것이다. 경험한 내용을 아래에 적는다.

연습 | **거울 이미지**

거울에 비친 사물들을 본다. 그리고 나서 거울에 비친 사물들의 실물을 직접 본다. 사물의 속성이 거울과 같다는 것은 환영 알아차리기 문헌들에 자주 등장하는 가르침이다. 몇 분 동안 그렇게 해보고, 그로 인해 사물을 인식하는 방법이 바뀌는지 본다. 아래에 그 내용을 적는다.

이런 수련을 하는 데 저항감이 느껴지는가? 정신 나간 바보짓 같은가? 사물을 환영으로 여기고 싶어 하지 않는 마음이 당신 안에 있는가? 알아차린 것을 적어본다.

_____

_____

_____

자기만의 유도 방법 만들기

일단 환영 알아차리기 수련을 어떻게 하는지 감을 잡았다면 이제 당
신만의 방법을 만들어도 된다. 사물의 환영적 속성을 보는 당신만의
방법을 아래에 적어본다.

_____

_____

_____

_____

☾ 앉은 사자 자세

심하simha 자세 또는 앉은 사자 자세sitting lion posture는 힌두 크리
야 요가 전통에서 온 것으로, 이 책 9장에서 탐구할 주제인 '미묘한 몸
subtle body'에 작용한다. 이 자세는 많은 요가 수련자들에게 효과가 있
는 단순한 기법이다. 처음으로 이 자세를 시도했던 날 밤 나는 자각몽
을 꾸었다. 개인적인 체험이긴 하지만 나에겐 놀라운 일이었다.

무릎을 꿇고 엉덩이를 뒤꿈치 위에 얹어 사자처럼 앉는다. 발가락 끝을 펴서 발등이 바닥에 닿게 두어도 되고, 그게 불편하면 발을 세우고 앉아 발가락을 굽힌 상태에서 뒤꿈치로 몸을 지탱해도 된다. 등은 곧게 세운다. 손은 주먹을 쥐는데 엄지를 다른 손가락들로 감싸서 '공격할 뜻이 없는 주먹'을 쥔다.(이 주먹으로 누구를 치면 엄지손가락이 부러질 수도 있어서 그렇게 부른다.) 손등은 허벅지 위에 올려놓는다. 이제 당신은 사바나를 내려다보는 위풍당당한 사자의 모습이다. 그 자세로 숨을 깊이 들이쉬면서 고개를 뒤로 젖혔다가, 숨을 내쉬면서 사자처럼 포효한다. 동시에 주먹을 풀면서 손가락을 활짝 편다. 이 자세로 세 번 이상 포효한다. 세 번 호흡하는 동안, 숨을 들이쉴 때는 주먹을 쥐고 숨을 내쉴 때는 손가락을 쫙 편다. 경험한 것을 아래에 적는다.

_____

_____

_____

_____

_____

이 자세가 목을 자극한다는 사실을 눈치 챘는가? 이제 곧 우리는 목 차크라가 꿈 요가에 절대 필요한 것이며, 자각몽을 유도하는 여러 가지 방식으로 활용된다는 사실을 알게 될 것이다. 당신의 사자를 한

번 더 포효케 하라. 그리고 오늘밤 무슨 일이 일어나는지를 지켜보라. 당신이 사자 자세(포효)를 할 거라는 사실을 가족들에게 미리 귀띔해 두는 것이 좋을지도 모른다!

☾ 명상과 도덕적 행위

동양 전통에서 명상은 항상 윤리와 도덕이라는 더 큰 사회·문화적 맥락 안에서 이루어진다. 서양에서는 명상이 이러한 맥락에서 분리되어 운동 실력 향상이나 스트레스 해소 등을 위한 하나의 독립된 기법으로 사용되는 경우가 많다. 수많은 부차적 효과들이 명상이 지닌 힘을 입증해 준다. 하지만 고대의 전통들은 스트레스를 줄이거나 운동 실력을 향상시키려고 명상을 만든 것이 아니다.

명상이 맑게 깨어 있기 위한 기본적인 기법이라면-그리고 당신이 그 사실을 '믿기' 시작했다면-명상에 대해 더 잘 이해할수록 명상을 더 잘 실천할 수 있을 것이다. 명상 자체는 '꿈의 구장' 이야기를 그대로 따라간다. 즉 우리가 명상을 위한 제대로 된 구장을 만든다면, 명상은 뿌리를 잘 내릴 것이다. 그러므로 여기에서는 내면의 구장을 발견하고 가꾸는 법, 즉 명상 수련의 발판을 마련해 줄 비밀스러운 예비 행동을 중점적으로 살펴보겠다.

불교에서는 언제나 실라sila, 즉 도덕적 행위가 사마디samadhi, 즉 깊은 명상보다 우선한다. 달리 말하면 선한 행동이 명상을 위한 올바른 구장을 짓는 일이 된다는 것이다. 그 선함이라는 토대 위에서 좋은 명상이 이루어지고, 좋은 명상에서 자각몽이 일어난다. 여기에서 우리는 마음 챙김mindfulness과 주의 집중attention 간의 미묘하지만 중요한 차이를 이해할 필요가 있다. 총으로 누군가를 겨냥하고 있을 때는 주의 집중은 할 수 있지만 마음 챙김은 할 수 없다. 진정한 마음 챙김은 전체를 아우르는 온전한 마음 상태이기 때문이다. 그러므로 진정한 마음 챙김을 맑게 깨어 있음lucidity과 결부시킨다는 것은 맑게 깨어 있음 자체가 부분적으로라도 도덕성에 좌우된다는 의미이다.

자각몽을 영적 수련을 위해 사용하는 꿈 요가의 세계에서는 이러한 원칙이 절대적이다. 꿈 요가에 성공하고 싶다면 올바른 행동을 해야 한다. 그 반면에 자각몽 꾸기는 덜 엄격하다. 이는 자기 꿈을 영성 수련에 사용하는 것에 별 관심 없는 사람들에게 희소식이다. 당신은 자각몽을 성공적으로 꾸면서도 꿈 속에서 마음껏 욕망을 채울 수 있다. 물론 이것이 성공하려면 다른 종류의 수련을 해야 할 것이다.

꿈 요가의 이러한 원칙이 당신에게 지나치게 종교적으로 들린다면 무시해도 좋다. 나는 맑게 깨어 있음을 성취하고자 하는 누군가의 열망을 재단하려는 것이 아니다. 나는 지금도 꿈 속에서 신나게 뛰노는 시간, 내 공상들과의 '밤 외출'을 즐기고 있다. 다만 좀 더 정밀한 동양의 방법과 그 토대가 되는 영적 원칙을 짚고 넘어가려는 것뿐이다.

연습 | **내면 점검하기**

이 준비 연습이 당신에게 어떻게 받아들여지는지 적어본다. 꿈 요가의 더욱 엄격한 원칙에 공감이 되고 그것을 준수할 의향이 있는가?

———————————————————————————

———————————————————————————

———————————————————————————

아니면 이런 원칙들이 지나치게 독선적으로 보이는가? 고대의 명상 문헌들에 나오는 꿈 요가의 별명은 '수련의 척도measure of the path'이다. 이런 식으로 '측정'당하는 것이 기분 나쁜가? 당신의 반응을 적어본다.

———————————————————————————

———————————————————————————

———————————————————————————

이러한 제약 사항들이 부담스럽다면 이 방법들은 자유롭게 건너뛰어도 좋다. 하지만 공감이 된다면 이런 영성 수련법은 강력한 힘을 발휘할 수 있다.

☾ 마법의 유도 방법

아래에 소개하는 동양의 기법들은 맑게 깨어 있기로 유도하는 '마법의 방법들'이다. 내가 이런 식으로 표현하는 것은 그것들이 실제로 마법 같은 효과를 내기 때문이다. 당신이 이 방법들을 믿는다면 말이다. 이 방법들이 당신에게는 어떤 효과를 내는지 한번 보라.

자비

명상 마스터 켄포Khenpo 린포체는 영성의 길이란 서둘러 갈 수 있는 길이 아니라고 말한다. 모든 일이 제 방식으로 펼쳐져야 한다. 하지만 그 길을 촉진시키는 방법이 하나 있다고 그는 말한다. 다른 사람들을 이롭게 하고자 그 길을 가는 것이다. 이것은 도덕적 행위의 개념을 한 단계 높여주고 꿈의 구장을 훨씬 비옥하게 만들어준다. 이는 단지 문제를 일으키지 않는다거나 기본적인 도덕 행위만 하려고 애쓰는 것이 아니다. 다른 사람들을 이롭게 하겠다는 것이 더 중요한 의도가 되는 것이다. 이 세상을 돕겠다는 진심 어린 동기로 자각몽 꾸기를 수련하는 것이다. 이 자비로운 방법이 마음에 든다면 아래 방법으로 연습해 보라.

연습	의도 다짐하기

오늘밤 잠자리에 누워서 가슴에 손을 얹고 다음과 같은 식으로 말한다. "오늘 잠자면서 자각몽을 꾸게 되기를, 그리하여 다른 사람들도 꿈 속에서나 삶에서 맑게 깨어 있도록 더 잘 안내할 수 있기를!" 정확한 단어를 쓰느냐 아니냐는 별로 중요하지 않다. 중요한 것은 의도이다. 당신만의 열망을 담은 잠자리 문구를 만들고, 진심을 다해 그것을 말하라. 원한다면 아침에 일어나서 하는 다짐 문구도 만들

수 있다. 자각몽을 꾸었든 못 꾸었든 다음과 같은 식으로 말한다. "간밤의 잠과 꿈에서 얻은 공덕을 모든 중생에게 회향합니다."(불교에서 말하는 공덕이란 선한 행실 또는 선한 카르마와 같은 것이다.) 이런 식으로 잠들기 전과 후를 신성한 의도로 채울 수 있다. 아래의 빈 줄에 두 가지 다짐문을 모두 적어본다.

밤 다짐문:

_____

_____

아침 다짐문:

_____

_____

이 첫 번째 마법의 방법이 당신에게 어떻게 정착되고 있는가?

_____

_____

_____

귀의

두 번째 마법의 방법은 귀의歸依(devotion) 또는 기도의 힘이다. 힌두교의 박티bhakti 요가 전통, 헌신적인 기독교, 불교의 구루guru 요가에서는 전심귀의專心歸依가 전부이다. 귀의란 가슴을 열고 자기보다 큰 힘에게 도움을 청하는 것이다. 이것은 많은 지혜 전통에 탄탄한 기반을 둔 신비로운 또는 초자연적인 접근법이다. 평소 연결감을 느끼고 있거나 이미 따르고 있는 영적 존재를 향해 마음속으로 간절하게 외쳐보라. 이것은 축복blessing이 작용하는 것과 똑같은 마법적 방법으로 작용한다. 꿈 요가의 마스터들은 베개 위에 머리를 올려놓을 때, 영적 스승의 무릎 위에 머리를 올려놓는다고 상상하라고 권하기도 한다.

　일부 지혜 전통들은 특별한 꿈의 신들이 있고, 그들에게 바치는 기도나 만트라도 있다. 뵌Bön 전통에서는 수련자들이 신성한 잠의 보호자요 수호신인 '살계 두 달마Salgye Du Dalma'('관념 너머를 밝히는 분')에게 간청한다. 샤먼들은 꿈 세계의 영적 안내자들에게 의지할 때가 많으며, 칼 융에게도 꿈 도우미인 필레몬이 있었다. 융은 "필레몬과 내 판타지 속의 등장 인물들은 정신psyche 세계 안에는 그들 스스로 창조되어 자기만의 생명을 지니는 존재들이 있다는 중요한 통찰을 내게 전해주었다. 필레몬은 내가 아닌 어떤 힘을 상징한다"[33]라고 말했다. 이러한 자비, 귀의, 공덕의 회향과 같은 마법의 방법을 통해 당신은 근접 카르마의 법칙을 사용하고, 마법과 신비에 가슴을 열며, 당신의 잠을 신성하게 만든다.

| 연습 | 의도를 담은 기도 |

다짐의 기도문을 만들어본다. 기도라는 단어가 마음에 걸리면 의도intention라고 해도 좋다. 또는 당신이 꿈의 세계에서 만나고 싶은 당

신만의 꿈 도우미를 묘사해 보라. 당신의 상상력과 직관, 그리고 선한 마음씨를 발휘하여 당신만의 잠자리 기도를 만들어보라. 이 구절이 마음에 들면 그것을 외워서 매일 밤 잠자리에 들 때 암송한다.

_____

_____

_____

_____

글로 적은 기도문 혹은 의도를 읽어본다. 그것이 수면을 위한 신성한 공간을 만드는 데 도움이 될 것 같은가? 당신에게 맞는 것 같은가, 아니면 너무 종교적인 것으로 느껴지는가? 당신 생각을 적는다.

_____

_____

_____

_____

질문과 답변

● 환영 알아차리기 수련("이건 꿈이야"라고 말하는 것)이 상태 점검 수련과 모순되지 않는가? 상태 점검을 하는 건 지금 꿈을 꾸는 게 아님을 확인하기 위

해서라고 생각했는데……

　그 두 가지는 상대적인 목적(꿈 속에서 맑게 깨어 있는 것)은 비슷하지만 절대적인 목적(현실의 본질을 알아보는 것)은 서로 다른 수련이다. 자각몽 세계에서는 상태 점검을 하여 지금 꿈꾸는 게 아님을 확인하면, 최대한 깨어 있는 상태라고 간주한다. 그러나 꿈 요가에서는 그렇지 않다. 꿈 요가에서는 상태 점검을 통해 당신이 (서양적 관점으로는) 꿈을 꾸고 있지 않다고 확인해 주지만, 그러나 동양적 관점에서는 당신이 여전히 꿈을 꾸고 있을 수 있다. 다시 말해 동양적 관점에서는 단순히 당신이 밤에 꾸는 꿈 속에 있지 않다고 해서 '진짜 꿈real dream'에 갇혀 있지 않거나 '일차 망상primary delusion'에 빠져 있지 않다는 뜻은 아니라는 얘기다. 이것이 자각몽 꾸기와 꿈 요가를 구별 짓는 미묘하지만 심오한 지점이다. 꿈 요가의 세계에서는, 상태 점검을 통해 꿈을 꾸고 있지 않다는 것이 확인된다 해도, 당신이 깨어 있는 동안의 현실을 여전히 이원적으로 인식한다면 영적인 관점에서는 꿈을 꾸고 있는 것이라고 본다. 말하자면 여전히 당신은 진짜 꿈 또는 일차 망상에 사로잡혀 휩쓸려가고 있는 것이다. 그 꿈(일상이라는 꿈)에서 깨어나는 것이 큰 깨어남, 진정으로 맑게 깨어 있음이며, 꿈 요가의 더 깊은 목적이다. 꿈 요가는 밤 시간의 꿈을 알아차리는 데서 얻은 통찰을 바탕으로 낮 시간의 꿈을 알아차리고 그로부터 깨어나도록 도와준다. 이것이 절대적인 깨어 있음 또는 붓다들buddhas의 깨어남이다.

● 환영 알아차리기 수련이 마음 챙김을 기반으로 한다는 말처럼 들린다. 맞게 본 것인가?

그렇다. 실제로 환영 알아차리기 수련은 변장된 형태의 마음 챙김 또는 은밀한 도움의 또 다른 예이다. 환영 알아차리기 수련은 먼저 현재 일어나고 있는 일로 주의를 가져오고(마음 챙김 부분) 거기에 "이건 꿈이야"라는 인식의 문구를 더한다(환영 알아차리기 부분)는 점에서 마음 챙김의 연장선상에 있다. 이것은 또 하나의 '일거양득' 수련이다. 한 가지 수련으로 두 가지 혜택을 보는 것이다.

● 나는 자각몽 꾸기를 시작했는데, 배우자는 그러지 않는다. 이 사람에게 미쳤다는 소리를 듣지 않고서는 침실을 성전으로 만들거나 여기 나온 기법들을 해볼 수가 없을 것 같은데, 어떻게 하면 좋을까?

어려운 질문이다. 이 질문에 진짜로 답할 수 있는 사람은 당신 자신뿐일 것이다. 상황마다 다르겠지만, '중도中道'라는 개념이 도움이 될 것 같다. 당신은 배우자를 존중해야 하며, 당신의 새로운 열정을 그 사람에게 강요해서는 안 된다. 안 그러면 각방을 쓰게 되는 수가 있다. 하지만 당신은 또한 당신 자신과 이 밤 수련들이 주는 가치도 소중히 여겨야 한다. 자각몽 꾸기가 당신에게 얼마나 중요한지 배우자에게 얘기하고, 어떤 기법들은 이상하게 보일 수 있다는 점을 전적으로 인정하라. 겸손한 유머 감각을 지녀라. 그러면 상대방 마음이 누그러질 수 있다. 하지만 수련에 대해서는 진심이어야 한다. 이것이 내가 수많은 다양한 방법들을 이 책에 소개하는 또 하나의 이유이다. 그 방법들 중에는 당신이나 당신 주변 사람들에게 잘 맞는 것도 있지만 그렇지 않은 것도 있을 것이다. 배우자가 당신에게 등을 돌리거나 자각몽 수련을 폄하하게 만드는 것은 좋지 않다. 이 책 중에서 가장 쉬운

부분을 읽어보라고 권해보면 어떨까? 그렇게 해서 당신이 발견한 멋진 신세계로 그들을 부드럽게 초대할 수 있는지 보라.

● 나 자신보다 큰 힘에 나를 열어놓는다는 아이디어는 좋다. 그러나 나는 무신론자다. 나는 아무에게도 기도하지 않는다.

  은총이나 축복을 받기 위해 어떤 의인화된 신의 이미지나 창조 원리, 안내자가 필요한 것은 아니다. 중요한 건 열어놓음이지, 당신을 열어놓음으로 데려가는 보조 바퀴가 아니다. 이는 맑게 깨어 있기lucidity와 똑같다. 중요한 건 맑게 깨어 있음이지, 거기에 이르기 위한 방편이 아니다. 가슴에 손을 얹고 귀를 기울여, 자신을 열어놓는 데 가장 알맞다고 느껴지는 방법을 따르라. 내가 ("두 마리 토끼를 잡으려고 하면 한 마리도 못 잡는다"는 선불교 격언을 충실히 지키는) 불교를 공부하는 학생이긴 하지만, 진리에 대한 특허권을 쥔 것은 아니다. 지혜는 형태가 없다. 그저 우리가 형태가 있다고 믿기 때문에 형태를 취하는 것뿐이다. 형태나 이미지처럼 무언가 공감할 만한 것이 없으면, 우리는 자신을 열거나, (좋은 의미로) 굴복하거나, 제한된 자아상을 내려놓기 어려워한다. 불가지론자나 무신론자, 혹은 그와 비슷한 부류의 사람들에게는 이 '마법의 방법'이 맞지 않을 수 있다. 그래도 괜찮다.

8. 서양의 밤 시간 유도 기법들

어둠이 내리면 우리는 자신을 맑게 깨어 있음으로 유도하는 밤 시간 방법들로 갈아타기 시작한다. 밤이 가져오는 자연적인 통금 시간은 바깥 활동을 제한하고, 내면의 모험으로 우리를 초대한다. 우리는 다음 두 장章에 소개될 기법들을 활용하여 일상의 바쁨으로부터 벗어나는 진출 차로와 맑게 깨어 있음으로 가는 진입 차로를 만듦으로써 밤의 이 성대한 개장을 최대한 활용하게 될 것이다. 이를 통해서 우리는 새로운 알아차림 감각을 갖추고 꿈 세계로 부드럽게 진입할 수 있을 것이다.

각 기법이 효과를 발휘할 수 있도록 적어도 몇 주에서 한 달 정도 계속 해보기 바란다. 아무 진전이 없더라도 실망하지 마라. 경험한 바를 기록해 두고 다른 기법으로 넘어가라. 효과가 있었던 것과 없었던 것을 추적해 보면 몇 가지 패턴이 보이기 시작할 것이다. 당신 자신에 대해 전에는 보이지 않던 것이 서서히 보이기도 할 것이다. 이것 자체

가 맑게 깨어 있음 또는 알아차림 수련이고, 이것이 무르익어 자각몽
을 꾸게 된다.

❨ 좋은 수면 습관 만들기

일반적인 밤 시간 유도 방법 중 첫 번째는 좋은 수면 습관을 실천하
는 것이다. 우리는 대부분 꿈을 하찮게 여기는 태도를 지닌 채로, 혹
은 낮의 스트레스로 오염된 마음이 그대로 남아 '더러워진' 상태로 잠
에 든다. 당신도 이런 태도로 잠자리에 드는가? 아니면 잠과 꿈을 좀
더 존중하는가?

만일 당신이 하루 일과를 마친 뒤 땀을 뻘뻘 흘리며 달리기를 했다
면 샤워도 하지 않은 채 잠자리에 들지는 않을 것이다. 마찬가지로 지
저분한 마음을 안고 잠자리에 드는 것도 좋지 않다. 좀 더 존중하는
마음으로 밤을 맞이하는 게 좋다.

고대 그리스에서는 의술과 치유의 신 아스클레피오스Asclepius에게
호화로운 신전들을 지어 바쳤다. 이 신성한 의사(아스클레피오스를 가
리킴—옮긴이)로부터 치유력 깃든 꿈을 하사받기 위해 사람들은 금식
과 정화 의식, 제물 봉헌, 명상 등 다양한 사전 수행들을 해 꿈이 들어
올 수 있는 신성한 공간을 마련하였다. 그런 다음 신전의 '통역관'들
이 꿈을 해몽해 주면 그것을 치료에 활용하였다. 아스클레피오스에게
는 딸이 다섯 있는데 그중 하나가 사람 및 장소의 위생을 관장하는 여
신 히기에이아Hygieia이다. 그래서 우리는 히기에이아 여신의 영에 의

지해 밤 시간 활동을 정화하고 자신만의 잠의 신전을 마련한다.

다음은 바람직한 수면 습관을 위해 확립된 방법들이다. 우리는 서로 다르며, 따라서 각자 자기만의 방법으로 자신의 신전을 세울 수 있다.

아래의 팁들을 읽기 전에, 어떻게 하면 잠과의 관계를 개선할 수 있 겠는지 자신의 생각을 적어본다.

_____

_____

_____

수면 습관에 정해진 규칙은 없으므로 이 팁들 역시 사람마다 효과 는 다를 수 있다. 하지만 대부분은 이 방법들로부터 숙면을 취하는 데 도움을 받을 수 있을 것이다.

잠들기 전에 각성제 피하기

카페인은 지구상에서 석유 다음으로 널리 교역되는 상품 중 하나이 다. 또한 지구별에서 가장 널리 사용되는 향정신 각성제이기도 하다. 카페인은 우리가 아이들과 청소년들에게 거리낌 없이 주는 유일한 중 독성 물질이다. 다크 초콜릿, 아이스크림, 진통제, 체중 감량제는 물론 에너지 드링크와 차 등 생각보다 많은 곳에 카페인이 들어 있다. 디카 페인이라고 해서 카페인이 전혀 들어 있지 않다는 의미는 아니다. 디 카페인 커피 한 잔에 일반 커피 한 잔의 15~30퍼센트에 해당하는 카 페인이 들어 있다. 이 중에 당신이 늘 섭취하는 것도 있는가?

잠을 잘 자려면 정오 이후로는 카페인을 섭취하지 않는 게 좋다. 카페인은 반감기가 5~7시간쯤 된다. 그러니까 정오에 커피를 마시면 다섯시에서 일곱시까지 카페인의 50퍼센트가 몸속에 여전히 남아 있다는 얘기다. 잠들기 직전에 에스프레소를 사발로 마시고도 쌔근쌔근 자는 사람들이 있다.(이는 더 강력한 시토크롬을 갖고 있기 때문이다. 시토크롬은 카페인을 대사하는 간 효소이다.) 그런가 하면 아침에 마신 커피 한 잔 때문에 열 시간이 지나서도 카페인에 취해 있는 사람들도 있다. 나이가 들수록 우리는 카페인에 민감해지는 경향이 있으며, 몸에서 카페인이 완전히 빠져 나가는 데도 더 오랜 시간이 걸린다.

지나친 음주 피하기

알코올은 빨리 잠이 오게 해주지만, 나중에는 역으로 수면을 방해한다. 알코올은 렘 수면—이때 우리가 꿈을 제일 많이 꾼다—을 방해하는 가장 큰 요인 중 하나이다. 알코올이 섞인 모유(알코올은 모유에 쉽게 흡수된다)를 먹은 아기들은 통잠을 자기가 더 어렵고, 잠들고 나서 금방 렘 수면의 20~30퍼센트 정도를 방해받는다. 알코올 섭취는 니코틴 사용과 연결되는 경우가 많은데, 어떤 사람들은 니코틴 패치가 꿈의 선명성을 높여준다고 말하기도 한다.(니코틴 패치가 맑게 깨어 있음에 도움이 된다고까지 말하는 사람도 있다. 하지만 니코틴은 수면을 방해할 수 있다는 점도 알아두기 바란다.) 술을 마셨을 때 그것이 당신 수면과 꿈에 어떤 영향을 미치는지 알아차린 것이 있는가?

잠자기 전에 과식하지 않기

배를 잔뜩 채우면 잠이 오는 데 도움이 될지는 모르지만 잠자리가 편치 않을 수 있다. 잠자기 전에 꼭 먹어야 한다면 적당 양만 먹도록 한다. 과식이 수면과 꿈에 어떤 영향을 미치는지 알아차린 것이 있는 가? 또 빈속으로 잠을 자면 어떤 일이 일어나는가?

너무 늦은 시간에 운동하지 않기

운동은 잠을 잘 자게 도와주지만 잘 시간에 너무 임박해서 하면 그 렇지 않다. 적어도 잠들기 세 시간 전에는 운동을 마친다. 밤늦게 헬 스장에 다녀와서도 단잠을 자는 사람들이 있긴 하다. 당신이 그런 사 람인가? 잠들기 전에 운동한 경험이 있다면 그때 어땠는가?

수면 시간 지키기

매일 같은 시간(앞뒤로 20분 이상 차이나지 않게)에 자고 일어나도록 몸과 마음을 훈련시킨다. 낮잠은 30분 이상 자는 것은 피한다. 낮잠은 좋은 것이지만 밤에 자기 전에 휴식을 너무 많이 취하면 '잠들고 싶은 욕구'가 줄어들어 밤잠의 질을 떨어뜨릴 수 있다. 이 자연스럽고 정상적 인 욕구는 아데노신이라는 뇌 속의 화학 물질이 쌓여서 생기는 것으로, 눈 뜨고 깨어 있는 매 순간 농도가 점점 높아진다. 카페인이 아데노신

의 효과를 일시적으로 약화시키기는 하지만, 댐에 물이 차오르듯 아데
노신은 계속해서 축적된다. 그러다가 카페인이 서서히 빠져나가면서
댐이 무너지면, 쌓여 있던 아데노신이 '카페인 크래쉬caffeine crash'(카페
인의 효과가 없어지면서 극도의 피곤함, 집중 불가, 짜증, 두통 등을 겪는 현상—
옮긴이)처럼 쏟아져 들어와 참을 수 없는 졸음을 느끼게 된다.

당신은 잠자는 시간이 규칙적이지 못한 편인가? 매일 정한 시간에
자고 일어나도록 일정을 관리할 수 있겠는가? 그러려면 어떻게 해야
할까?

침대에서 다른 일 하지 않기

침대와 수면 사이에 바람직한 연상 관계를 지으려면 침대를 잠자는
장소로만 사용하는 것이 좋다. 연상 작용의 힘은 강력하다. 침대에서
(잠이 아닌) 다른 일을 한다면 당신은 침대를 일과 연관 짓게 될 것이
다. 다른 일을 섞지 말고 순수한 수면 분위기를 조성하라는 말이 철저
히 금욕적이 되라는 얘기는 아니다. 침대에서 책을 읽는다든지 잠자
기 전 어떤 의식ritual을 치르는 걸 좋아하고, 이런 것들이 잠에 스르륵
빠져들도록 도움을 준다면, 당신의 판단을 따른다.

침실을 시원하고 어둡고 조용하게 만들기

어둠은 밤에만 분비되어 숙면을 이끄는 '드라큘라 호르몬'인 멜라
토닌을 방출한다. 멜라토닌 보충제는 시차로 고생할 때 몸속 시계를

원위치로 돌려놓는 데 효과가 최고이다. 하지만 일반적인 수면 보조제로는 그렇게 도움이 되지 않는다. 조명이 너무 밝으면 수면 마스크로 눈을 가려서 어둡게 한다. 실내 온도는 서늘하게 섭씨 18도 정도가 가장 좋다. 잠자는 공간은 조용하게 유지한다. 필요하면 귀마개를 하든지 선풍기나 여타 백색 소음 장치를 이용한다.

전원 끄기

잠들기 두세 시간 전에는 컴퓨터, 태블릿, 스마트폰에서 손을 뗀다. 자연광은 우리 몸의 생체 시계를 설정해 주지만, 인공광은 이를 교란시킨다. 이러한 전자 기기 화면에서 나오는 청색광은 낮 시간의 빛을 모방한 것이어서 멜라토닌 분비를 억제한다. 뇌의 신경절 세포들 중 일부는 생체 시계를 낮이나 밤에 맞추도록 뇌에 알려주는, 청색광에 민감한 수용체를 갖고 있다. 빛이 더 밝고 파랄수록 수용체에 더 큰 영향을 미쳐서 멜라토닌을 억제하며, 밤에 청색광에 가까이 노출될 때는 특히 더 그렇다. 연구 결과, 태블릿의 청색광에 노출되는 경우 96분, 스마트폰은 67분, 역광 화면을 사용하는 전자책 리더기의 경우 58분 정도 수면이 지연되는 것으로 나타났다.

밤늦게까지 일을 하거나 전자 기기들을 한쪽에 치워두기 어려운 경우, 청색광 차단 안경이나 파란색 파장을 걸러주는 앱을 설치하는 것을 고려해 보기 바란다. 수면 습관을 철저히 하고 싶은 사람은 밤 조명으로 은은한 적색광을 사용하여, 자신만의 '적색광 지역'을 만들어 본다. 붉은 빛은 멜라토닌을 억제하거나 생체 리듬을 무너뜨리는 힘이 가장 미약하다.

스마트폰이나 태블릿이 당신의 수면 파트너인가? 전자 기기들이 항상 손닿는 곳에 있어야만 하는가? 그렇다면 전자 기기 디톡스를 통해 효과를 볼 수 있을 것이다. 손에서 전자 기기를 놓지 못하는 습관에서 벗어나기 위해 어떤 변화를 시도해 볼 수 있겠는가?

햇볕 충분히 쬐기

날마다 일정하게 햇볕을 쬐면 생체 리듬을 유지할 수 있어 숙면에 도움이 된다. 깨어서 정신이 또렷해져야 하는 시간을 뇌가 알려면 햇빛이 필요하다. 밤에 등의 밝기를 제한하는 이유 중 하나가 이것이다. 하지만 햇빛을 너무 많이 받으면 오히려 수면에 지장이 될 수 있다. 언젠가 하지 무렵의 알래스카에 갔는데 밤이 되어도 전혀 어두워지질 않았다. 나는 밤에도 깨어 있게 만드는 빛에 취해 약간 조증躁症이 되었다.

| 연습 | 숙면을 위한 전략 |

위의 수면 습관들 가운데 이미 사용하고 있는 것이 있다면 어떤 것인가? 이미 효과를 체감하고 있는가?

이번에는, 아직 사용하고 있지 않은 방법을 하나 이상 골라서, 그것으로 수면 습관을 어떻게 개선할 수 있을지 생각해 본다. 이 변화를 어떻게 적용할 것인가? 그것이 쉬울까, 아니면 어려울까? 그것을 실천하지 못하도록 방해하는 요소가 있는가?

시도해 보고 싶은 다른 방법들이 있는가? 이 방법들이 주는 혜택은 복리複利를 낳으므로, 더 많이 적용할수록 더 많은 혜택을 보게 된다는 점을 기억해 두기 바란다.

☾ 자각몽을 꾸기 위한 수면 시작하기

바람직한 수면 습관으로 잠자리를 올바르게 준비함으로써 잠에 관

173

심과 애정을 쏟는 것이 자각몽을 꾸기 위한 시작 단계의 일부이다. 여기에는 침대에 누워 있는 동안에 하는 유도 기법들을 비롯해 잠자리에 들기 직전에 하는 모든 행위가 포함된다. 이는 본 수련보다 준비 작업이 더 중요함을 보여주는 또 하나의 예이다. 앞에서 언급한 낮 시간의 모든 유도 기법들, 예컨대 자기 전에 명상하기, 꿈 속에서 맑게 깨어 있겠다는 의도 세우기, 자비와 귀의歸依 같은 마법의 방법 등을 잠자기 직전에 한다면 자각몽을 꾸는 데 도움이 될 것이다. 이렇게 하는 것은 대부분의 사람들에게 평소의 잠자는 방식을 완전히 뜯어고치는 게 될 것이다. 우리는 대부분 그냥 침대에 쓰러져 눕거나, 멍한 상태로 잠이 들거나, 그도 아니면 녹초가 되어 뻗는 등 깨어 있지 않은 '더러운' 수면 습관의 위력에 굴복하고 만다. 이러한 행위는 인과의 법칙과 근접 카르마의 작용에 의해 맑지 않고 멍한 꿈을 야기한다.

자각몽을 더 잘 유도하는 핵심은 밤과 낮 사이에 새로운 다리를 놓는 것이다. 이 다리는 쓰러짐을 세움으로, 멍해짐을 초점 맞춤으로, 무너짐을 살아남음으로, 곯아떨어짐을 명료한 깨어남으로, 깜깜해짐을 환해짐으로 바꾸어준다. 우리는 낮 시간의 의식consciousness에서는 '로그아웃'하겠지만, 이제는 밤 시간의 알아차림awareness에 '로그인'해야 한다. 그러기 위해서는 잠과 꿈꾸기에 대한 패러다임을 전환하고 그것과 우리의 관계를 재편해야 한다. 전통적으로 잠자는 상태나 꿈꾸는 상태는 '알아차림이 부족한 상태'라고 정의하는데, 이렇게 맑게 깨어 있는 상태로 잠에 들어가는 것은 우리가 지금껏 배워온 잠드는 법과는 거꾸로 가는 것이다.

밤 시간 유도 기법들을 실행하면서 그것들과 당신의 관계가 어떤지를 살펴본다. 잠에 대한 이 새로운 접근법들을 시도해 보는 것이 신나는가, 하기 싫은가, 아니면 다른 마음이 드는가?

_____

_____

자신을 심판하지 않는다. 그냥 기법들에 대한 당신의 반응이 어떤지를 관찰하기만 한다. 이 방법들이 선을 넘는 지점, 즉 '나한텐 안 맞아'라고 생각하게 되는 지점이 있는가?

_____

_____

이 밤 시간 유도 기법들은 우리가 밤마다 맑지 못한 상태로 잠에 들면서 평생 쌓아온 어두운 습관들을 들춰낸다. 이 습관들이 가진 힘은 우리가 자각몽 유도하기 기법들로 그것을 극복하려 할 때 드러난다.

자각몽 꾸기 수련을 계속하는 동안 이곳에 적어놓은 일기들을 다시 읽어보고, 시간이 지남에 따라 그러한 반응들이 어떻게 바뀌었는지 보라. 몇 주 정도 지나면서 당신의 열정―또는 저항―이 달라졌는가? 아니면 무슨 새로운 생각이나 감정이 생겼는가?

_____

_____

_____

_____

_____

잠들기 전의 카운트다운

잠으로 넘어가는 가장 간단한 수련 가운데 하나는 카운트다운을 하면서 잠에 드는 것이다. 지금 당신은 침대에 누워 있다. 맑게 깨어 있겠다는 의도를 세웠고, 만일 당신이 기도하는 사람이라면 맑게 깨어 있게 해달라는 잠자리 기도도 마쳤을 것이다. 이제 쓰러지듯 누워 잠에 떨어지는 평상시의 '너무 느슨한' 태도를 극복하려고 하는데, 처음에는 이것이 '너무 팽팽해' 보일 수 있다. 하지만 이런 체계 없이는 깨어 있지 않은 상태로 잠들 확률이 훨씬 높다.

| 연습 | 자각몽으로 들어가는 카운트다운 |

침대에 누운 상태에서, 마음속으로 자신에게 말한다. '하나, 나는 지금 꿈을 꾸고 있다.…… 둘, 나는 지금 꿈을 꾸고 있다.…… 셋, 나는 지금 꿈을 꾸고 있다.……' 이렇게 마음을 모아서 천천히 말한다. 카운트다운을 시작할 때는 집중을 유지하다가, 차츰 집중을 푼다. 카운트다운에 극단적으로 매달려 지나치게 팽팽해지면, 밤새 숫자만 세다가 날이 샐 것이다. 융통성을 발휘해야 한다. 카운트다운 기법을 가지고 이리저리 실험해 보면서 자신에게 맞는 방식을 찾는다. 어떤

날은 열까지 세다가 잠드는 날도 있고, 어떤 날은 백까지 세게 될지도 모른다. 백까지 세었는데도 잠들지 않았으면 세는 걸 그만둔다. 이 기법이 오히려 역효과를 내어 '지금쯤이면 자고 있어야 하는데!' 하고 스트레스만 받을 수 있다.

이것은 어느 정도 맑게 깨어 있는 상태로 잠 속에 빠져들도록 고안된 교묘한 형태의 마음 챙김 명상법이다. 이튿날 아침 이 기법이 어떻게 작용했는지 기억나는 대로 적어둔다. 예를 들어 깜박 잠들었다가 깨어나 다시 카운트다운을 했을 수도 있다. 카운트다운이 당신이 알아차림의 끈을 붙잡고 있는 데 도움을 주었는가? 아니면 오히려 성가시고 거슬렸는가?

_____

_____

이 기법에서 최적의 지점을 찾게 된다면, 특정 숫자가 되었을 때 정말로 꿈꾸고 있는 자신을 발견할 것이고, 그때는 맑게 깨어 있는 상태로 꿈을 꾸고 있을 확률이 높다. 그런 일이 일어나거든 경험한 것을 여기에 적어둔다. 날짜도 분명하게 적는다.

_____

_____

_____

_____

이렇게 '점차 조용한 상태로 들어가는' 식의 기법에는 여러 가지가 있는데, 핵심은 주의를 기울이되 긴장은 푼 상태에서 반복적인 정신 작업을 수행하는 것이다. 원한다면 수 아닌 다른 것을 셀 수도 있다. 잠들기 전의 '시끄럽게 떠드는' 의식에서 잠의 고요 속으로 옮겨갈 때 '맑게 깨어 있음'을 유지하는 것이면 된다. 마음속으로 '속삭이듯' 카운트다운을 하는 것이 이 섬세한 전환 작업에 도움이 된다.

WILD와 DILD 기법

꿈 속에서 맑게 깨어 있음에 도달하는 데는 기본적으로 두 가지 방법이 있다. 한 가지는 깨어 있는 상태에서 꿈 속으로 들어갈 때 알아차림awareness의 끈을 놓지 않고 들어가는 것으로, 스티븐 라버지가 '깨어 있는 상태로 자각몽에 들어가기wake-initiated lucid dream'(WILD)라고 부르는 방법이다. 카운트다운 기법도 이 WILD 기법 중 하나이다. 몸은 잠 속에 빠져들지만 마음은 맑게 깨어 있는 상태이다. 우리는 잠을 대체로 전등 스위치처럼 '켜고 끄는' 과정으로 여기는 경향이 있다. 깨어 있는 동안에는 의식에 불이 들어와 있다가, 잠드는 순간 불이 꺼져버리는 것이다. 카운트다운 기법을 비롯한 WILD형 기법들은 이 전등 스위치를 밝기 조절 스위치로 바꿔준다. 그 덕분에 당신은 잠이 들면서도 한 줄기 알아차림의 빛을 계속 유지하게 된다.

대부분의 WILD 꿈들은 밤에 렘 수면에 빠져 있을 때나 낮잠을 자는 동안 발생한다. 처음 잠자리에 들어 곧바로 알아차림의 끈을 잠 속으로 가져가기는 쉽지 않지만, 카운트다운 기법을 쓰면 이 과정이 좀더 수월해진다.

깨어 있는 상태로 자각몽에 들어가기, 즉 WILD 기법을 쓰기에 가장 좋은 타이밍 중 하나는 잠에 들거나 잠에서 깨어나는 전환 단계이다. 다음 번 잠들 때 생각들이 어떻게 천천히 이미지들로 바뀌는지, 어떻게 번쩍거리는 빛과 기하학 형상들이 나타나는지, 그 이미지들이 나중에 어떻게 꿈 조각들로 바뀌는지 주의를 기울여보라. 이 비몽사몽 상태는 WILD로 들어가기에 좋은 지점, 즉 반은 깨어 있고 반은 잠들어 있는 상태를 탐험해 보기에 좋은 지점이다.

이 지점에서 알아차림의 끈을 계속 유지할 수 있는가? 비몽사몽 상태에서 무엇을 알아차렸는가? 처음에는 아무것도 보이지 않을지라도, 글을 쓸 수 있는 상태가 되면 곧바로 여기에 경험한 바를 적어 본다.

과거에 비몽사몽 상태에서 경험한 것 중 기억나는 것이 있다면, 할 수 있는 한 자세히 그 내용을 묘사해 본다. 시작을 돕는 뜻에서 내 경험 하나를 얘기해 보겠다.

"간밤에 나는 사고 싶은 새 차 생각을 하며 잠자리에 들었다. 비몽사몽하는 가운데 차에 대한 생각이 차츰 흐릿해지고 그 대신 차의 이미지들이 떠올랐다. 잠깐 정신이 들어 다시 차를 생각하다가, 또다시 잠에 빠져들며 생각은 사라지고 차의 이미지들만 남았다. 그러다가 차의 이미지들이 점점 '부풀어 올라' 토막 꿈들이 되고 그것들이 몇 초 정도 지속되는 것을 알아차렸다. 내가 그 차를 운전하거나 세차하거나 자랑하는 모습이었다. 나는 이것들이, 짧긴 하지만, 꿈이라는 것을 완전히 알아차리고 있었으며, 그 알아차림 덕분에 이 토막 꿈들은 '짧은 자각몽'들이 되었다. 연습을 통해 나는 짧은 꿈들에 머무르는 법과 그 꿈들이 완전한 자각몽으로 확장되는 것을 지켜볼 수 있었고, 이 꿈에서 내가 차를 타고 프랑스 리비에라 해안을 따라 계속 달리다가 마침내 하늘로 날아오르는 모습을 볼 수 있었다."

이제 당신이 경험한 비몽사몽 상태를 적어보라.

_____

_____

_____

_____

_____

_____

_____

자각몽을 꾸는 두 번째 방법은 '꿈 속에서 자각몽에 들어가기dream-initiated lucid dream'(DILD)이다. 이 방법은 평상시처럼 의식 없는 상태로 잠이 든 뒤에 맑게 깨어 있는 상태로 가는 것이다. 꿈 안에 있는 무언가를 통해 자신이 꿈꾸고 있다는 사실을 감지하는 것이다. 우리가 앞서 다루었던 꿈 신호와 상태 점검이 이 DILD 기법이다. 우리가 이런 기법부터 설명한 이유는 일반적으로 DILD가 WILD보다는 더 자주 일어나기 때문이다.

요약하면, 알아차림의 끈을 놓지 않고 잠에 들든(WILD 기법) 이미 잠든 뒤 꿈 속에서 알아차림을 불러일으키든(DILD 기법) 둘 중 한 가지를 하는 것이다. 결과는 똑같다. 바로 자각몽을 꾸는 것이다.

| 연습 | DILD 타이밍 |

당신은 이미 DILD를 경험해 본 적이 있을지 모른다. 만약 있다면 기억나는 내용을 적어본다.

_____

_____

_____

_____

MILD 기법

라버지는 '연상 기호를 사용해 자각몽 유도하기mnemonic induction of lucid dreams'(MILD)라고 이름 붙인 꽤 효과적인 기법을 만들었다. 뭔가를 기억해 내는 방법으로 연상법에 대해 들어보았을 것이다. 연상 기호란 무언가를 기억하도록 도와주는 일종의 방편이다. 머리글자를 따

181

서 약어로 표기한 WILD, DILD, MILD도 하나의 연상 기호 장치이다. 그렇게 줄여서 말하는 것이 '깨어 있는 상태로 자각몽에 들어가기'나 '꿈 속에서 자각몽에 들어가기', '연상 기호를 사용해 자각몽 유도하기'라고 말하는 것보다 기억하기가 훨씬 쉽다. MILD 꿈들도 같은 원리로 작동한다. MILD 기법은 밤에 꿈에서 깨어난 뒤와 다시 잠들기 전에 앞서 이야기한 '미래 기억'을 사용한다. MILD 기법에는 네 단계가 있다.

1. 새벽이나 밤중에 꿈에서 깨어났을 때 그 내용을 기억에 새길 때까지 몇 번 되풀이하여 꿈꾼 내용을 더듬어본다. 마음속으로 되감기 버튼을 누르며 꿈이 남아 있을 때까지 몇 번 재생시켜 보는 것이다.

2. 그런 다음, 다시 잠들기 전에 침대에 누운 상태로, '다음에 꿈을 꿀 때는 내가 꿈을 꾸고 있다는 사실을 기억할 거야'라고 여러 번 되뇐다. 다시금 맑게 깨어 있는 상태가 되겠다고 의도를 분명히 하는 것이다.

3. 방금 전에 재생했던 꿈 속으로 들어가는 자신의 모습을 상상한다. 다만 이번에는 정말로 꿈을 꾸고 있음을 깨닫는 자신을 본다. 꿈속으로 돌아가되 이번에는 그것이 꿈임을 완전히 자각하고 있다고 상상해 보는 것이다.

4. 당신의 의도가 분명하게 세워졌다는 느낌이 들거나 다시 잠들 때까지 2단계와 3단계를 반복한다.

MILD 기법을 자연스럽게 사용하려면 수련이 필요하지만, 나중에는 밤중에 혹은 꿈에서 깼을 때 자동으로 MILD를 하고 있는 자신을 발견하게 될 것이다. 이제 한번 연습해 보자.

연습 | 꿈을 불러와 리허설하기

1. 당신이 기억할 수 있는 최근의 꿈을 될수록 상세하게 묘사해 본다. 당장 기억나는 꿈이 없으면 내일 아침 깨자마자 기억나는 꿈 내용을 적는다.

_____

_____

_____

_____

2. 이 꿈을 자신에게 반복해서 얘기해 준다. 이렇게 하면 나중에 잠자리에 들어가 꿈을 기억하고 떠올리는 데 도움이 될 것이다.

3. 방금 재생한 꿈 속에 다시 들어가 있는 자신을 그려보는데, 이번에는 꿈을 꾸고 있음을 깨닫는 자신을 본다. 다시 꿈 속으로 돌아가되, 이번에는 그것이 꿈임을 완전히 자각하고 있다고 상상한다.

4. 2단계와 3단계를 되풀이한다. 자신의 의도가 확실히 세워질 때까지 또는 잠들 때까지 이를 계속한다.

당신이 경험한 바를 아래에 적는다.

_____

_____

_____

_____

깨었다 다시 잠들기 기법

'깨었다 다시 잠들기wake-and-back-to-bed' 기법은 꿈 속에서 깨어날 기회를 1,600퍼센트, 즉 열여섯 배나 증가시킨다. 나 자신의 경험이 이 데이터를 뒷받침하기 때문에, 나는 이 방법을 자주 사용한다.

이 기법을 탐색하기 전에 먼저 생각해 보자. 당신은 한밤중에 일어나서 화장실(이든 어디든)에 갔다가 다시 잠들었을 때 꿈에서 어떤 차이를 느낀 적이 있는가? 있다면 어떤 차이를 느꼈는지 적어본다.

_____

_____

_____

_____

연습	깨었다 다시 잠들기

보통 일어나는 시간보다 두세 시간 일찍 울리게 알람을 맞춰놓는다.
조금 일찍 일어나거나 조금 늦게 일어나는 식으로 시간을 조정해야

할 수도 있지만, 계속 실험을 하다 보면 당신한테 맞는 최적의 시간을 찾을 수 있을 것이다.

알람이 울리면 20분에서 40분 정도 깨어 있는다. 깨어 있는 시간의 길이는 당신의 수면 패턴에 따라서 조정할 수 있다.(여러 번 연습한 끝에 나는 단 몇 분만 깨어 있어도 이 방법으로 효과를 볼 수 있게 되었는데, 덕분에 밤중에 화장실 가려고 깰 때 이 방법을 자주 사용한다.) 처음 20분에서 40분 동안 자각몽을 꾸겠다고 마음속으로 다짐하거나 명상을 하거나 자각몽에 대한 가벼운 글을 읽은 뒤 다시 잠자리에 든다. 휴대폰이나 태블릿, 컴퓨터를 켜지 않도록 한다. 과도한 불빛을 피하고 활동도 자제한다. 깨어 있는 상태의 의식에 너무 깊이 들어가면 잠을 설치고 나머지 밤을 꼬박 새울 수 있다.

'깨었다 다시 잠들기 기법'을 해본 뒤에 경험한 것을 적는다.

연습을 하면서 자신에게 효과가 있는 것과 없는 것을 지속적으로 기록한다. 보통 때보다 세 시간쯤 일찍 일어나 '깨었다 다시 잠들기 기법'을 했는데 아무 일도 일어나지 않았다면 그렇다고 쓴다. 실패한 게 아니다. 데이터를 기록하고자 기울이는 노력이 이 기법을 당신에게 맞도록 조절하는 데 도움이 될 것이다. 이는 주파수가 딱 맞을 때까지 라디오 다이얼을 계속 돌리는 것과 비슷하다.

깨었다 다시 잠들기 기법을 어떻게 실행할지 자세한 계획을 써보자. 당신은 보통 화장실에 가려고 밤에 깨는 편인가, 아니면 알람을 맞춰서 깰 것인가? 몇시에 깰 것인가?

깨어 있는 20분에서 40분 동안 무엇을 할 것인가? 명상? 읽기? 읽는다면 무엇을 읽을 것인가? 휴대폰을 확인하거나 태블릿을 보면 안 된다는 것을 기억하라.

경험한 내용을 기록해 둔다. 아래 여백에 쓰는 것으로 시작해서, 나중에는 꿈 일기에 계속 적어나간다.

이 기법을 시도해 봤는데 어색한 느낌이 들거나 당신에게 잘 안 맞는 것 같다는 생각이 들면 그 내용을 기록한다.

_____

_____

_____

_____

이렇게 기록하는 일은 과학자들이 '종단 연구longitudinal study'(아주 오랜 기간에 걸쳐 데이터를 수집하는 일)라고 부르는 일을 한다는 마음으로 하는 것이다. 훌륭한 과학자는 실험을 통해 알게 된 모든 것을, 그 실험이 실패였다 하더라도 빠짐없이 기록해 둔다. 실패한 경험들 덕분에 실험 방법을 더 정교하게 다듬을 수 있기 때문이다. 이런 식으로 해서 당신도 훌륭한 수면 과학자로서 무엇이 효과가 있고 없는지에 대한 패턴을 발견할 수 있다.

☾ 전자 기기 사용하기

당신은 전자 기기를 좋아하는 사람인가? 그렇다면 당신이 써볼 수 있는 몇 가지 전자 제품이 있다. 그 가운데 가장 효과적인 것 하나는 1985년 라버지가 최초로 고안한 꿈 마스크dream mask이다. 이 마스크는 기발한 방식으로 작동한다. 마스크 안의 센서들은 렘 수면 단계를 가리키는 안구 움직임을 감지하도록 설계되어 있다. 자극적이지 않은 빛 깜빡임이나 소리를 통해 신호가 전달되고, 이 신호들이 꿈꾸는 사람을 맑게 깨어나도록 해준다. 이 신호들은 착용자의 꿈으로 들어가 꿈의 일부로 통합되는데 마치 자던 방이 차가워지면 얼음이나 눈에 관한 꿈을 꾸게 되는 것과 비슷하다. 밖에서 일어나는 일이 내면에서 일어나는 일에 영향을 주는 것이다.

기온, 소리, 냄새, 촉감과 같은 외부 자극 요소에 의해 꿈이 영향을 받았던 경험이 있는가? 오늘부터 잠을 잘 때 외부 환경이 내면의 상태에 어떤 영향을 미치는지 주의를 기울이고, 그 영향을 여기에 적는다.

꿈 마스크를 쓰면 나는 자동차에 탄 상태로 정지 신호 앞에서 기다리면서 왜 신호등이 깜빡거리는지 궁금해 하는 꿈을 종종 꾼다. 그러다가 불현듯 꿈 속의 깜빡거리는 빛을 마스크의 깜빡거리는 불빛과 연결시키는 것을 기억해 내고는 즉시 맑게 깨어 있는 상태가 된다. 신호등의 다른 버전으로 깜빡거리는 가로등 불빛이나 앞 차의 흔들리는 브레이크등이 내게 신호를 주기도 한다.

수면 주기를 상세히 분석하는 데 관심 있는 사람들을 위한 수면 모니터링 기기들(Sleeptracker, Basis Peak-Ultimate Fitness and Sleep Tracer, Neuroon Open, Aurora Dreamband 등)도 있다. 이 기기들은 뇌파를 측정하는 뇌전도EEG, 근육 긴장을 측정하는 근전도EMG, 안구 움직임을 측정하는 안전도EOG를 통해 수많은 생체 신호를 측정하고 기록해서 하룻밤 사이에 당신이 몇 번이나 렘 수면 상태로 들어가는지 알려준다. 이러한 미니 수면 실험실은 더 깊이 들어가려는 사람들을 위한 것으로, 과학자들이 '수면 구조sleep architecture'라고 부르는 수면 패턴을 더 세밀하게 알아차리도록 도와준다.

마지막으로 스마트폰에 다운받을 수 있는 여러 자각몽 앱(DreamZ, Lucid Dreamer, Lucidity and Awoken 등)도 있다. 이런 앱들은 꿈을 기록하고 연구하는 데 도움을 주는 현실 점검기reality checker, 알람, 양측성 리듬binaural beat 및 기타 기능들을 제공한다. 성적인 모험을 즐기는 사람들을 위한 '드림 루스터Dream Rooster'라는 앱도 있다. 드림 루스터는 자각몽뿐만 아니라 몸-마음 연결망의 다른 부분에도 자극을 준다는 '섹스 드림 머신'이다.

☾ 허브 보조제 사용하기

허브를 사용하는 데 관심이 있는 사람들이라면 시중에서 다양한 허브 보조제를 구할 수 있다. 내가 복용하면서 꾸준히 효과를 보고 있는 유일한 허브는 갈란타민Galantamine이다. 갈란타민은 스노우드롭 snowdrop(Galathus nivalis)과 거미 백합류(Lycoris 종)에서 추출한 성분으로 기억력을 향상시키고 기억력 장애의 발생을 지연시키는 데 사용한다. 연구에 따르면 이 누트로픽nootropic(인지 능력 향상제)이 많은 사람들에게 맑게 깨어 있도록 유도하는 데 효과가 있다고 한다.[34]

갈란타민은 우리가 꿈을 꾸고 있을 때 고농도로 분비되는 것으로 밝혀진 아세틸콜린이라는 신경 전달 물질이 분해되는 것을 억제한다. 갈란타민은 아세틸콜린의 작용 수준과 지속 기간을 모두 향상시켜 꿈을 더욱 길고 선명하게 꾸게 해줄 뿐 아니라 꿈을 더 잘 알아차릴 수 있도록 도와준다. 한밤중에 또는 꿈의 황금 시간대인 기상하기 두세 시간 전에 4밀리그램을 먹는 것으로 시작할 수 있다. 그렇게 했는데 아무 효과가 없으면 8밀리그램을 먹어본다. 내성이 생기는 것을 막기 위해 일주일에 두 번 이상은 복용하지 않도록 한다.

나는 써보지 않았지만 다른 꿈 동료들이 추천하는 허브도 많이 있다. 그런 허브들에 대해 좀 더 알고 싶다면 칼레아 자카테치치Calea zacatechichi, 쑥, 크라톰kratom(Mitragyna speciosa), 실렌 운둘라타Silene undulata, 바니스테리오프시스 카피Banisteriopsis caapi, 쥐오줌풀valerian root, 벨벳콩velvet bean, 하르말라 씨Syrian rue, 이보가Tabernanthe iboga, 카바kava, 요힘비yohimbe, 샐비어salvia, 황금skullcap, 타트 체리tart cherry, 블루 로터스blue lotus 등을 찾아보기 바란다.

자신이 먹는 식단에 주의를 기울이고, 먹는 음식과 꿈을 꾸는 방식 사이에 어떤 패턴이 있지 않은지 살펴보라. 복용하는 약이 있으면 마찬가지로 그것과 꿈의 관계를 관찰해 보라. 이런 연결 관계를 살펴보는 것만으로도 자신의 잠과 꿈을 이해하는 데 도움이 될 것이다. 발견한 내용이 있으면 아래에 적는다.

다음은 위의 모든 유도 기법들에 대한 바람직한 관점을 기르는 데 도움이 되는 연습들이다.

아래 빈 공간에 중심점이 같은 원을 세 개 그리되, 작은 원이 가운데에 오고 나머지 두 개의 원이 작은 원을 감싸도록 그린다.

중심의 원이 당신의 안전 지대comfort zone로, 당신이 시간 보내기 좋아하고 편안히 여기는 곳이다. 이곳이 당신 마음이 거품 목욕을 즐기는 곳이다. 당신은 이 안전 지대에서 지내기를 좋아하는 사람인가? 당신에게 이 안전 지대는 얼마만큼 중요한가? 당신은 거품 목욕을 할 때 더없이 행복한가? 안전 지대에 있을 때 무언가가 훼방을 놓거나 호사를 누리려는 당신 계획을 방해하면 짜증이 나는가? 이에 대해 적는다.

안전 지대의 특징은 '아주 느슨하다'는 것이다. 이 지대도 괜찮긴 하지만, 여기에만 머무르고 싶다면 얘기가 달라진다. 아늑한 거품 욕조 안에서만 논다면 절대 성장하지 못한다. 결국엔 안락함에 빠져 익사하고 말 것이다. 이곳에서 너무 많은 시간을 보내면 안전 지대는 '자아의 무덤'이 된다. 개인의 진화도 멈춰버린다.

성장은 두 번째 원인 도전 지대challenge zone로 뻗어나갈 때 이루어진다. 맑게 깨어 있는 상태로 나아가기 위해서는 안전 지대에서 나와야 한다. 그러나 이것이 항상 편안하지만은 않다. 잠드는 과정에서는 습관의 힘도 막강하고 안락함을 위한 우리의 계획도 견고하기 때문이다. 많은 사람들에게 밤마다 행복한 잠 속에 빠지는 것은 정신의 거품 욕조에 푹 빠지는 것과 비슷하다. 누가 거기에 찬물을 끼얹고 싶겠는가?

자각몽 꾸기, 특히 꿈 요가는 정신적인 형태의 요가이다. 그것들의 목적은 전에는 무의식적이었던 곳까지 우리의 의식을 확장시켜 안전 지대에서 벗어나게 하는 것이다.

도전 지대

안전 지대 밖으로 뻗어나가 볼 의사가 얼마나 있는가? 그렇게 확장 되는 것이 당신을 신나게 하는가, 아니면 겁나게 하는가? 그에 대해 쓴다.

_____

_____

_____

_____

_____

_____

_____

마지막 세 번째 원은 위험 지대danger zone 또는 위기 지대risk zone이다. 이 지대에 있다면 당신은 너무 멀리 나아간 것이다. 너무 열심히 하려고 한 나머지 뻗어 나아가다 못해 툭 끊어질 지경에 이른 것이다. 너무 팽팽해진 상태라는 말이다. 자각몽의 용어로 말하면, 이 지대는 지나치게 노력해서 자기를 잠들지 못하게 하는, 맑게 깨어 있으려고 애쓰다가 자기를 옭아매는 그런 지대이다. 세 동심원 중 가장 바깥쪽에 있는 이 위험 지대에서는 무리한 행위를 하면 안 되겠다고 깨닫는 점은 있을지 몰라도 성장은 일어나지 않는다. 위험 지대는 사람들이 과도한 행위로 인해 다치거나 멍드는 곳이다. 자각몽의 세계에서 사람들이 중도하차하는 것도 이 지점인 경우가 많다.

당신은 스릴을 추구하는 것에 대해 어찌 생각하는가? 어쩌면 당신은 스릴 넘치는 삶을 좋아하거나, 때때로 그 이상으로 선을 넘는 것을 좋아할지도 모른다. 아니면 '바깥쪽 원들'이 무서울 수도 있다. 이에 대해서 쓴다.

안전 지대에서 살아가는 것이 당신의 목표라면 이 지대는 점점 작아질 것이고, 따라서 굳이 맑게 깨어 있고자 노력을 쏟을 필요가 없다는 것을 알게 될 것이다. 당신은 안락함에 굴복해 알람을 좀 있다 다시 울리게 해놓고선 애착 담요security blanket(만화 〈찰리브라운〉에서 라이너스가 들고 다니는 것과 같이, 어린아이가 마음의 안정을 얻기 위해 들고 다니는 담요—옮긴이)를 뒤집어쓴 채 빈둥거리기를 더 좋아하는 것이다. 나이가 들어갈수록 우리는 자동적으로 안전 지대를 선호하고, 안전 지대가 정확히 어때야 하는지에 대해 더 까다로워지는 경향이 있다. 또한 영역을 보호하려는 성향이 짙어지고, 의식적이든 무의식적이든 안전 지대를 지키려 한다.

당신도 이러한 현상을 눈치 챘는가? 젊었을 때보다 불평이 늘어났는가? '귀찮아'라는 생각이 많아지진 않았는가? 이런 것들은 당신의 안전 지대가 좁아지고 있다는 신호일 수 있다. 예전과 달라진 당신의 반응과 느낌을 자세히 적어본다.

_____

_____

_____

_____

하지만 노력을 기울여 도전 지대에 발을 내딛는다면 안전 지대가 확장되는 것을 느낄 수 있을 것이다. 덜 불평하고 더 너그러워질 것이며, 기꺼이 평소의 수면 습관을 거슬러 '깨어나고자' 노력하게 될 것이다.

그러니 이번 연습 과제를 하는 동안 도전 지대로 들어갔다고 느낀 때나 무리한 나머지 위험 지대로까지 들어갔다고 느낀 때에 대해 솔직하게 기록해 본다. 여기 나온 기법들을 하다가 너무 멀리 나아간 경우가 있었는가? 그랬다면 그에 대해 적는다.

_____

_____

_____

_____

이것은 요가를 하는 것과 같다. 당신은 건강에 도움되는 필수 '스트레칭'을 기꺼이 견디고 할 의사가 있는가? 그럴 의사가 있다면 무엇 때문인지, 없다면 왜 없는지 아래에 적는다.

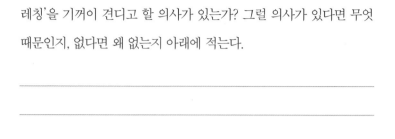

기억하자. 우리는 지금 의식을 낮에서 밤으로 확장하려 하고 있으므로, '스트레칭'을 견뎌내는 능력은 도움이 된다. 사람들 가운데는 낮 시간 기법에는 오케이하면서 밤 시간 기법에는 선을 긋는 이들이 있다. "낮에는 깨워도 좋지만 밤에 잠잘 때는 내버려두라"는 것이다. 괜찮다. 그렇다면 낮 시간 기법들만 충실히 하라.

해보니 '어쩌면 자각몽은 나에게 맞지 않는지도 몰라'라거나 '이거 너무 나가네'라는 생각이 든다면, '스트레칭'이 과해서 툭 부러지는 지점까지 간 것일 수도 있음을 알아차리고 거기서 멈춘다. 안전 지대로 다시 돌아가서 자신에게 휴식을 준다. 그런 다음 안전 지대에서 나와 다시 한 번 시도해 본다.

자신을 평가하고 비난하기 위해서가 아니라 스스로에 대해 알기 위해 이 연습 과제들을 활용하라. 꿈은 진실을 말하며, 자각몽으로 작업하는 것도 마찬가지로 진실을 말한다. 진실하게 이 연습을 하다 보면 세 겹의 원으로 둘러싸인 것이 단지 자각몽만이 아니라 당신의 삶 전체임을 발견할 것이다. 안전, 도전 그리고 위험이라는 세 겹의 원이 당신 삶의 다른 영역에도 적용되는가? 그것들이 어느 부분에 적용되는지 적어본다.

질문과 답변

● 꿈 마스크가 좋은 것 같은데 살 형편이 안 된다. 비슷한 자극을 받을 수 있는 다른 방법은 없을까?

있다. 당신을 기꺼이 도와줄 파트너가 있다면! 전통적인 꿈 요가 경전에 보면, 꿈 요가를 하는 사람은 잠들 때 파트너를 곁에 두었다. 파트너는 잠자는 사람을 지켜보고 있다가 그가 잠들었다고 느껴질 때 "너는 지금 꿈을 꾸고 있어. 꿈 속에서 깨어나" 같은 말을 속삭여준다. 수면 사이클과 렘 수면에 대하여 웬만큼 알고 있다면, 옛날의 꿈 요기들보다 자신이 도달하고자 하는 수면 상태를 훨씬 더 구체적으로 정할 수 있다. 달리 말해서 당신한테 그런 파트너가 있으면 당신 눈동자가 움직이는 것이 보일 때까지 또는 렘 수면 상태와 관련 있는 근육의 씰룩거림이 나타날 때까지 기다리고 있다가 당신에게 속삭여줄 수 있다는 얘기다. 아니면 잠들고 90분쯤 뒤 첫 번째 렘 수면 주기가 시작될 때 녹음 내용이 재생되도록 타이머를 설정할 수도 있다. 일단 기본 원리를 터득하면 창의력을 발휘해서 여러 가지 요령을 발휘할 수 있을 것이다.

● 감각 박탈이 자각몽을 꾸는 데 도움이 된다는 말을 들었다. 사실인가?

예비 조사 자료도 있고, 경험담도 많은 것으로 알고 있다. 플로팅 탱크(한 사람이 들어갈 수 있는 크기의 수조에 다량의 엡솜염을 넣은 물을 채워 둥둥 뜨게 해주는 장치. 소리, 빛, 중력 등 외부의 모든 자극이 차단되어 쉽게 깊은 이완과 명상 상태로 들어갈 수 있는 것으로 알려져 있다─옮긴이)가 맑게 깨어 있음을 유도하는 데 효과가 있다고 장담하는 사람들도 있다. 나도 해보았는데, 따뜻한 소금물에 몸을 담그는 건 좋았지만 자각몽을 꾸지는 못했다. 나는 빛이 완전히 차단된 어둠 속에서 시간을 보낼 때는 늘 성공을 했다. 하지만 모든 사람이 이렇게 할 수 있는 것은 아니다. 깜깜한 어둠 속에서 며칠씩 있는 것이 플로팅 탱크에 들어가 있는 것보다 어렵기도 하거니와, 많은 사람들이 어둠을 정말 두려워하기 때문이다. 칠흑같이 어두운 방을 구하는 것이나 그곳에서 보낼 만한 시간을 확보하는 것도 쉽지 않다. 하지만 용감한 탐험가라면 감각 박탈도 옵션 중 하나이다.

● 은은한 조명을 켠 채로 자면 자각몽을 꾸는 데 도움이 될까?

그럴 수 있다. 이 방법은 외부의 빛이 마음의 빛과 같지 않지만 그렇다고 다르지도 않다는 생각에서 나온 것이다. 그러니까 내면의 빛을 밝히는 데 외부의 빛을 사용할 수 있다는 말이다. 기억하자, 자각몽이란 '불이 켜진 또는 조명이 환한 꿈', 즉 알아차림(또는 알아차리고 있음을 알아차리는 메타 알아차림)의 불이 켜져 전에 보지 못한 것들을 볼 수 있는 그런 꿈이다. 외부의 빛이 조금씩 잠 속으로 들어오면 꿈이 정말로 꿈이라는 것을 알아보기가 훨씬 쉬워지는 원리이다. 다시 말하지만 이것은 차가운 방에서 잘 때 얼음이나 눈에 관한 꿈을 꾸는 것과 비슷하다. 외부의 무엇이 꿈꾸는 마음속으로 들어오는 것이다.

　이렇게 생각해 보면 내면의 빛이라는 급진적인 개념을 이해하는 데 도움이 될 것이다. 자각몽이든 아니든 간에 꿈을 바라볼 때, 꿈 속의 사물들이 보이도록 빛을 밝혀주는 것은 무엇일까? 꿈 속에는 해도 없고 다른 광원도 없지만, 그런데도 우리 눈에는 사물들이 '보인다.' 사물이 보이게 하는 그 빛은 어디에서 오는 것인가? 마음 자체의 빛에서 온다.

9. 동양의 밤 시간 유도 기법들

이 장에서는 맑게 깨어 있기로 가는 동양의 기법들의 미묘함 속으로 좀 더 깊이 들어가 보고자 한다. 이 기법들이 나를 비롯한 많은 사람들에게 매우 효과적이긴 했지만 모두에게 맞지는 않을 수도 있다. 우리는 모두 다르다. 스스로 자신의 안내자가 되어 자신에게 맞다고 생각되는 길을 가기 바란다.

서양의 기법들과 마찬가지로, 동양의 밤 시간 유도 기법들도 좋은 수면 습관에서 시작된다. 수면은 가변적인 정신 요소라는 점을 기억하자. 잠자기 직전의 마음 상태에 따라 수면은 긍정적이 될 수도, 부정적이 될 수도, 중립적이 될 수도 있다. 이제부터 우리는 앞에서 말한 카르마/습관의 법칙과 함께 다음 기법들을 사용해 수면을 긍정적이고 '깨끗하게' 만들고자 한다. 일단 자각몽을 꾸겠다는 의도를 파종하고 자비와 귀의라는 마법적 요소들로 물을 주면 동양의 구체적인 밤 시간 기법들을 시작해 볼 수 있다.

동양에서 말하는 수면 습관은 명상이 지닌 정화의 힘으로 시작된다. 먼저 명상으로 마음을 가라앉힌다. 나는 보통 잠자리에 들기 전 마치 양치질하듯 규칙적으로 적어도 30분 정도 명상을 한다. 그것은 마음에 솔질을 해서 낮 동안 묻은 찌꺼기들을 닦아내는 것과 같다. 잠들기 전 몇 분만 명상해도 도움이 될 것이다.

평소 잠자리에 들기 전의 기분이 어떤지 적는다. 낮의 일들로 마음이 분주한가? 스트레스를 받고 있거나 걱정이 있거나 그 외 다른 일들로 '때가 묻은' 상태인가?

자리에 앉아 몇 분간 명상을 한다. 그러고 나서 기분이 어떤지 적는다. 당신 마음이 얼마나 분주한지 명상이 보여주는가? 당신 마음이 안정되는 데 명상이 도움이 되는가?

이 분주한 시대에, 우리는 인간으로서 '존재'하기보다 '행동'하고 있을 때가 더 많다. 잠에 들려면 우리는 '무위無爲'의 상태가 되어야 한다. 즉 낮을 완전히 놓아주고 잠 속으로 '빠져야' 한다. 수면이야말로 사람이 할 수 있는 가장 쉽고 자연스러운 일이어야 하는데, 오히려 많은 사람들이 잠자리에서 무언가 하기를 그만두기 위해 애를 쓴다. 우리는 아무 일도 하지 말아야 한다. 하지만 '아무것도 하지 않기'를 제대로 잘해야 한다. 행동하는 것에 익숙한 인간에게는 쉽지 않은 일이

다. 그래서 명상을 하는 것이다. '아무것도 하지 않기를 제대로 하기'가 명상의 정의 중 하나이다.

다음은 잠자기 직전의 명상이 왜 유용한지에 대한 다른 이유들이다.

☾ 미묘한 몸

동양의 유도 기법들은 대부분 안에 있는 몸, 즉 미묘한 몸subtle body에 의존한다. 우리는 거친 바깥 몸과 그 몸에 대한 놀라운 해부학 및 생리학, 그리고 바깥 몸을 가지고 하는 대중적인 '겉outer 요가'에 대해서는 잘 알고 있다. 이 바깥 몸에는 깨어 있는 상태의 거친 의식을 유지시켜 주는 뇌가 포함된다. 하지만 많은 사람들이 고유의 해부학과 생리학을 가지고 있는 내면의 미묘한 몸과, 내면의 몸으로 하는 잘 알려지지 않은 요가 형태들도 있다는 사실에 대해서는 잘 모른다. 꿈꾸는 상태의 미묘한 의식을 도와주는 과정들도 이 내면의 미묘한 몸에 포함된다.

동양 사상에서는 바깥의 거친 몸을 내면의 미묘한 몸이 드러난 것으로 본다. 미묘한 몸은 에너지체energy body, 감정체emotional body, 아스트랄체astral body, 천상체celestial body, 에테르체etheric body, 정신체mental body 등의 하위 차원으로 세분화할 수 있다. 동양 의학은 이 미묘한 몸을 치료의 대상으로 삼고, 동양 신비주의는 이 몸을 변형의 대상으로 삼는다. 탄트라 전통은 마음 못지않게 몸을 중요시한다. 바깥 몸으로 수련하는 겉 요가와 내면의 몸으로 수련하는 속 요가는 거친 마음과 미묘한 마음 모두에 영향을 주기 위한 방법으로, 거친 몸과 미묘한 몸 둘 다를 가지고 수련한다.

당신은 몸과 어떤 관계를 맺고 있는가? 고맙게 생각하는가? 아니면 성가시다고 생각하는가? 몸이 영적 수련에 방해가 되는가?

_____

_____

_____

요가 수련을 해보았는가? 해보지 않았다면, 이유는 무엇인가?

_____

_____

_____

우리는 본인이 알든 모르든 언제나 몸과 마음, 거친 것과 미묘한 것 사이에 난 양방향 도로를 가지고 작업하고 있다. 신체화 질병 psychosomatic illness(불안감이나 부정적 감정 등 정신 문제가 신체적 질병으로 나타난 것―옮긴이)은 스트레스 같은 거친 상태의 마음이 몸에 좋지 않은 영향을 끼칠 수 있음을 보여주는 한 예이다. 반대로 긍정적인 마음 상태는 몸에 긍정적인 영향을 미친다는 것이 입증되었다. 몸과 마음 사이에서는 이런 식의 '상호 거래'가 이미 일어나고 있는 중이다. 겉 요가와 속 요가를 통해서, 우리는 이 몸과 마음의 '수출입 사업'을 맑게 깨어 있음이라는 수익 창출 쪽으로 가져가고자 한다.

꿈 요가는 속 요가이다. 그것이 미묘한 몸을 사용해 미묘한 (꿈 차원의) 마음 상태를 불러일으킨다는 말이다. 양방향성 원리를 사용해 자신의 미묘한 몸을 더 많이 알아차리게 되면, 이 미묘한 몸의 지원을 받는 꿈 상태에 더욱 맑게 깨어 있는 자신을 발견하게 될 것이다. 이는 달리 말하면 맑게 깨어 있지 않은 건 단지 당신 마음만이 아니라 몸도 마찬가지라는 것이다. 그런데 겉 요가와 속 요가로 미묘한 몸이 '깨어나면wake up', 그렇게 깨어난 미묘한 몸이 당신을 꿈 속에서 '깨울' 것이다.

미묘한 몸의 해부학과 생리학을 간단하게 설명하는 것으로 시작해보자. 먼저 미묘한 몸에 대해 머리로 이해부터 해보자는 뜻이다. 그러나 이는 그저 지도일 뿐이다. 진짜 입문은 머리에서 내려와 몸으로 들어갈 때, 당신이 말 그대로 당신의 미묘한 몸을 '느낄' 때 일어난다. 이장에 나온 연습 과제들로 하려는 것이 바로 그것이다. 우리는 외적인 지도를 내려놓고 내적인 영토로 들어갈 것이다.

이미 미묘한 몸을 느끼고 있는데 그 사실을 당신이 모르고 있을 수도 있다. 아름다운 음악을 듣고 감동을 받을 때 그 감동을 느끼는 것이 미묘한 몸이다. 최근에 나는 '영혼의 노래the song of the Soul'라 불리는 인도의 고대 음악인 키르탄kirtan 연주회에 다녀왔다. 두 시간 남짓 아름다운 찬팅과 노래를 듣고 나니 미묘한 몸이 막 목욕을 마친 듯 상쾌하고 정화된 느낌이었다. 키르탄 가수 라가니Ragani는 "키르탄은 우리 존재의 중심으로 돌아가는 길을 모색하는 한 가지 방편"이라고 말한다. 클래식 피아니스트인 나는 베토벤, 슈베르트, 쇼팽도 나를 감동시키는 똑같은 힘이 있다는 것을 알게 되었다. 소리에는 원초적이고 초월적인 무언가가 있다.(물리학자들도 끈 이론string theory에서 물질의 근본적인 성질을 설명하며, 물리적 차원에서는 이 세상이 소리에서 비롯되었음을 시사하고 있다.) 우주 자체도 '빅 뱅big bang'(영어의 'bang'은 '쾅' 하고 부딪치는 소리를 의미한다—옮긴이)을 통해 탄생했다고 추정한다.

미묘한 몸은 엑스레이나 자기 공명 영상MRI으로는 보이지 않으므로 서양의 방식으로는 측정할 길이 없다. 하지만 물리적 증거가 없다는 것이 미묘한 몸이 없다는 증거는 아니다. 서양의 도구들이 그만큼 정밀하지 못한 것일 뿐이다. 미묘한 몸은 바깥 몸만큼이나 실재real이다.(또는 동양 철학적 표현으로 '비실재unreal'이다.) 너무 문자 그대로 받아들이지만 않는다면, 미묘한 몸은 '소리'와 '빛'으로 만들어졌다고 할 수 있다. 그래서 음악이 그것을 건드리고 만트라가 그것에 작용하는 것이다. 기독교에서도 "태초에 말씀이 있었고, 그 말씀이 육신이 되었다"고 가르친다. 처음에는 미묘한 내부subtle inner가 있었고 거기서 거친 외부gross outer가 만들어지는 것이다.

바나라스 힌두 대학의 한 산스크리트 학자는 나에게 고대 인도 설화에서는 산스크리트 어를 마스터하는 사람이 물질 세계를 마스터한다고 말한 바 있다. 그의 말인즉, 산스크리트 어는 실재의 언어이며, 그래서 산스크리트 어로 된 만트라는 절대 번역할 수 없다고 한다. 실제로 산스크리트 어의 효과를 전달하는 것은 말의 의미가 아니라 소리이다. 이러한 언어를 마스터한 사람, 곧 실재와 공명하는 강력한 '지휘자'는 기적을 일으키는 주문으로 물질 세계에 영향을 끼칠 수 있다고 한다.

이제 이 미묘한 몸을 직접 경험해 보자. 잠시 멈추고 당신이 좋아하는 음악, 당신이 찾을 수 있는 가장 아름다운 멜로디를 들어보라. 눈을 감고 몸의 긴장을 푼다. 음악 소리가 심장에 혹은 창자에 와 닿는가? 미묘한 몸은 말 그대로 미묘하다. 따라서 몸 내부에 열심히 귀기울이고 그것을 느껴야(그리고 내부 수용 감각interoception과 자기 수용 감각proprioception을 사용해야) 한다. 무엇이 느껴지는지, 어디에서 느껴지는지 적어보라.

미묘한 몸에 적응하고 익숙해지면, 다음 연습들로 좀 더 섬세하게 그것을 조율할 수 있게 될 것이다.

미묘한 몸은 이 책이 다루고자 하는 범위를 훨씬 넘어설 정도로 복잡한 구조를 가지고 있다. 자각몽이라는 이 책의 주제와 관련해서는 그중 네 가지 핵심 구성 요소인 통로channel, 바람wind, 방울drop, 바퀴wheel만 알면 된다. 이것들은 산스크리트 어로 각각 나디nadis, 프라나prana, 빈두bindus, 차크라chakra라고 부른다. 앞으로 알게 되겠지만 각각의 미묘한 몸은 그에 상응하는 거친 몸을 가지고 있다.

통로와 바람

가장 이해하기 쉬운 '통로'부터 알아보자. 미묘한 몸을 관통하는 수천 개의 미묘한 통로들(한의학에서는 경락이라고 한다) 중에서 우리는 세 가지만 알고 있으면 된다. 중심 통로는 정수리에서 척추 바닥까지 흐르고, 양쪽의 측면 통로는 콧구멍에서 시작해 정수리까지 올라갔다가 중심 통로와 평행을 이루며 척추 바닥으로 내려간다. 동맥과 정맥, 신경계 등 생명 에너지를 전달하는 모든 부분이 이 내부 통로들에 상응하는 바깥 몸이다.

이 통로(또는 나디)들은 단단하게 고정된 실체가 아니다. 이것들은 속 요가 수련을 통해 바뀔 수 있으며, 이것들이 바뀌면 미묘한 바람이 통로들을 통과하는 방식도 바뀌게 되고, 이렇게 되면 마음이 작동하는 방식도 바뀌게 된다. 앞에서 신경가소성neuroplasticity이라는 개념을 간단히 살펴봤는데, 나디도 '나디가소성nadiplasticity'의 원리에 따라 이와 똑같이 작동한다. 마음을 바꿈으로써 뇌뿐 아니라 나디까지도 변화시키는 것이다. 그리고 양방향성의 원리에 의해 속 요가를 통해 나디를 변화시킴으로써 마음도 변화시킬 수 있다. 우리는 뒤에 나오는 몇 가지 연습을 통해 이 원리를 직접 활용해 볼 것이다.

만트라는 이 통로들을 똑바로 세우는 역할을 한다. 엑스레이로 미묘한 몸을 촬영할 수 있다면 이 통로들이 꼬이거나 묶인 채 연결되어 있는 것을 볼 수 있을 것이다. 이는 스트레스가 심한 상황에서 "명치가 답답하다" "속이 꽉 조이는 느낌이다" "몸이 축 늘어진다" 같은 표현을 쓰는 것이 실제로 몸 안에서 일어나는 생리적 현상에 근거한 것임을 뒷받침해 준다. 만트라를 암송하는 것은 이렇게 꼬이거나 굽은 통로들을 곧게 펴주어(통로마다 적용되는 만트라가 다르다) 미묘한 바람이 더욱 원활히 흐를 수 있게 해주며, 그 결과 마음도 편안해지게 된다.

이 통로들 안으로 프라나, 기氣, 룽lung(티베트 어로 '바람' '숨'이라는 의미—옮긴이), 그리고 기독교에서는 성령Holy Spirit, 나바호 족은 '거룩한 바람Holy Wind'이라고 부르는 미묘한 바람이 들어온다. '바람'은 그만큼 거대한 힘으로, '영spirit'이라는 단어도 우리에게 가장 친밀한 바람인 '숨breath'을 의미하는 말에서 비롯되었다. 바람에 해당하는 바깥 몸의 상응점은 '호흡'이다. 많은 요가 마스터들이 요가는 근본적으로 이러한 바람을 다루는 것이라고 힘주어 말한다. 가장 높은 수준의 탄트라 전통 중 일부에서는 바람이 우주에서 가장 강력한 힘이라고 가르치기도 한다. '탄트라의 왕'으로 여겨지는 칼라차크라Kalachakra 탄트라에서는 개인의 세계나 집단의 세계를 바람이 창조하고 파괴한다고 말한다. 샴발라 불교 수행에서는 '깨달은 사회'를 이루기 위해 '바람의 말windhorse'(샴발라 불교의 '룽따lungta'를 번역한 말. 성공을 이룰 수 있는 선천적인 능력으로, 이는 도덕적인 행위를 함으로써 생겨난다—옮긴이) 수련을 활용한다. 바람이 이 모든 것을 할 수 있다면, 우리 역시 자각몽을 성취하는 데 바람을 활용하지 못할 이유가 없다.

연습 | 호흡과 마음의 연결성 알아차리기

당신의 숨과 마음 상태 그리고 생각의 움직임은 서로 긴밀히 연결된다. 우울한 사람들은 숨을 깊이 쉬지 않는다. 한 우울증 환자는 내게

"저는 내면에 공간이라곤 전혀 없어요!"라고 말했다. 아마도 공간 감각을 활성화시켜 줄 바람이 하나도 없었기 때문이리라. 화가 나거나 기분이 상했을 때 호흡을 알아차릴 수 있다면 그 호흡이 어땠는지 여기에 적어본다.

다음번에 강렬한 감정이 올라오면 호흡을 들여다보고 관찰한 내용을 적는다.

숨이 멎을 만큼 멋진 무언가를 목격했을 때, 그 경험이 어떻게 문자 그대로 숨을 멎게 하고, 나아가 마음까지 꼼짝 못하게 하는지 관찰해 보라. 내면을 들여다보고 느껴보라. 이 초대가 당신으로 하여금 미묘한 몸과 동조되도록, 또한 그것을 깨우도록 도와줄 것이다.

이제 이 책을 내려놓고 10분 동안 명상을 하면서, 생각의 속도가 호흡의 속도와 관련이 있는지 알아차려 본다. 마음이 안정되면 호흡도 안정되는가? 알아차린 것을 적는다.

_____

_____

_____

_____

_____

숙련된 명상가들은 호흡이 급격히 느려지면서 때로는 실제로 멈추기도 하는 깊은 명상 상태로 들어갈 수 있다. 이런 몰입 상태samadhi는 드문 일이 아니다. 모든 생각이 끊어지면 몰입이 일어난다. 속 요가 수련 중 일부(툼모tummo, 쿰바카khumbhaka, 프라나야마pranayama, 룽따lungta)는 미묘한 마음 상태를 일으키는 방편으로 호흡을 사용한다. 기억하자, 꿈은 마음으로 만들어지고, 마음은 미묘한 바람을 타고 흐른다. 제대로 사용한다면, 우리도 이 바람을 타고 맑게 깨어 있는 상태로 들어갈 수 있다.

방울과 바퀴

바람은 통로를 통해 흐르며 '방울'들을 실어 나르며. 이 방울(또는 빈두bindu)이 아마도 미묘한 몸에 대한 설명들 중에서 가장 이해하기 어려운 개념일 것이다. 방울은 때때로 '마음의 진주mind pearl'라고 불리기도 하는데, 간단히 '의식의 방울drop of consciousness'이라고 생각하는 게 가장 나은 방법일 것 같다. 속 요가의 방법들(자각몽 꾸기/꿈 요가는 속 요가이다)에서는 이 방울과 관련해 많은 것을 이야기하지만 여기에서는 이 정도만 알아도 된다. 방울에 상응하는 바깥 몸은 정액, 난자, 호르몬, 신경 전달 물질, 그리고 응축된 생명 에너지를 가진 모든 것들이다.

네 가지 중 마지막이자 가장 많이 알려져 있는 요소는 바퀴(또는 차크라)이다. 차크라들은 몸의 중심 통로를 따라서 척추 바닥, 생식기, 태양신경총, 가슴, 목구멍, 이마 그리고 정수리에 있는 에너지 분배 센터들이다. 바깥 몸의 상응점은 각각 부신, 고환 또는 난소, 췌장, 흉선, 갑상선, 송과선, 뇌하수체 같은 내분비 센터들이다. 몸의 어느 계통 system(소화계, 순환계, 생식계, 신경계 등 신체를 기능에 따라 분류한 계통—옮긴이)에 있느냐에 따라서 각 차크라는 고유의 진동수, 소리, 색깔을 지닌다. 우리는 그중 세 차크라와 그 진동수에 익숙해질 필요가 있다.

- 머리 차크라는 흰색이고, 소리는 '옴OM'이다.
- 목 차크라는 빨간색이고, 소리는 '아AH'이다.
- 가슴 차크라는 파란색이고, 소리는 '훔HUM'이다.

차크라의 소리와 색깔에 대해서는 전통마다 설명에 차이가 있지만, 그것에 너무 얽매일 필요는 없다.

| 연습 | 차크라에 공명하기 |

명상 자세로 앉아 눈을 감는다. 마음을 가라앉힌다. 몇 분 동안 천천

히 '옴OM' 소리를 낸다. 미묘하다는 것은 종종 '천천히'를 의미하므로 마음을 모아서 이 음절을 천천히 음송한다. 그런 다음 무엇이 어디에서 느껴지는지 적는다.

이제 '아AH' 소리를 반복해서 음송한다. 무엇이 어디에서 느껴지는지 적는다. 아무것도 느껴지지 않으면 그렇다고 적는다.

이제 '훔HUM' 소리를 반복해서 음송한다. 느껴지는 대로 적는다. 소리와 미묘한 느낌이 당신을 내면으로 초대하는가? 그것이 어디에서 느껴지는가?

이 연습들은 미묘하다. 그것은 당신이 주의를 기울여 듣고 느낄 수밖에 없게 만든다. 지금 나는 당신을 꿈꾸는 마음이 있는 존재의 미묘한 차원으로 안내하는 중이다. 이 속 요가의 방법은 느리고 조용하다. 따라서 마음이 분주하고 소란한 사람들에게는 '아무것도 느껴지는 게 없는데?'라는 반응을 낳을 수도 있다. 괜찮다. 참을성 있게, 마음이 조용해지면서 미묘한 상태에 공명하기 시작하는 것을 지켜보라. 낮 동

안 미묘한 몸/마음에 익숙해질수록 잠자거나 꿈꿀 때 그것을 더 잘 알아차릴 수 있을 것이다.

☾ 종합하기

다음에 나오는 유도 기법들은 "깨어 있을 때나 꿈꿀 때, 또는 꿈 없이 깊이 잠들어 있을 때 우리가 경험하는 의식 상태는 미묘한 몸의 네 측면인 통로, 바람, 방울, 바퀴의 작용에 의해 결정된다"는 핵심 원리에 바탕을 두고 있다. 여러분은 지금 눈을 뜨고 깨어 있는데, 이는 방울들이 머리 차크라에 모여 있다는 뜻이다. 여러분이 잠에 빠져들면 이 방울들이 말 그대로 머리 센터에서 가슴 센터—이 가슴 센터가 '꿈 없는 깊은 잠'과 관련 있는 내면의 몸inner body이다—로 떨어진다. 잠에 들 때 가끔 몸을 움찔거리며 갑자기 깨는 이유가 이것 때문이다. 이럴 때는 종종 '떨어지는' 듯한 느낌이 든다.

오늘 밤 잠들 때 떨어지는 듯한 느낌이 조금이라도 드는지 주의해서 지켜보라. 아침에 깨어나면 느낀 바를 기록한다. 아무 느낌도 없었으면 그렇다고 적는다. 그리고 내일 다시 이 연습을 시도해 본다.

당신이 잠에서 깨는 이유는 이 방울들이 내면의 바람에 의해 문자 그대로 다시 불어 올려지기 때문이며, 이때 상승하는 느낌이 드는 경

우가 많다. 다시 머리 위로 날아 올라간 방울들은 마음을 분주하고 시끄럽게 만든다. 이러한 각성은 간혹 한밤중에 느닷없이 깰 때처럼 불쾌할 수 있다. 이는 마치 방울(빈두)들이 정수리에 쾅 하고 부딪치는 듯한 느낌이다.

당신이 처음 잠에서 깼을 때 알아차린 것들을 적는다. 상승의 느낌이 있었는가? 잠자리에서 막 깨어났을 때는 생각들이 상대적으로 고요하다가 점점 의식이 깨어 있는 상태로 옮겨감에 따라 '시끄러워지는' 것을 알아챘는가?

아침에 '일어나고waking up' 저녁에 잠자리에 '든다settleing down'는 표현은 이러한 미묘한 몸의 과정을 그에 상응하는 언어로 표현한 것이다. 뻗다crashing, 쓰러져 잠들다collapsing, 곯아떨어지다plunging, 스르륵 잠들다sinking, 잠에 빠지다plopping, 기절하다keeling over, 잠들기 시작하다lapsing, 깜빡 잠들다dipping into와 같은 단어들은 모두 빈두의 '야간 하강'을 나타내는 말들이다. 일어나다getting up, 휘젓다stirring up, 일하다working up, 북돋다keying up, 자극하다whipping up와 같은 단어들은 모두 빈두가 일어나면서 우리가 깨어나고 바쁘게 움직이는 현상인 '주간 상승'을 나타내는 말들이다. 마찬가지로 이 정처 없는 인류의 달음박질 속에서 우리는 항상 속도를 내고 서두르고 앞서 나가려 하고 따라잡으려 하며, 그 결과 종종 열이 오르고 과열되다가 마침내 폭발

214

하게 된다. 이 모든 것을 치유하기 위한 처방전은 진정하고 열을 식히고 긴장을 풀고 조용히 하든지 아니면 속도를 늦추는 것인데, 이는 근본적으로 바람을 진정시키고 머리에서 몸으로 내려오는 것을 의미한다.

진정하지 못할 때 찾아오는 것이 불면증이다.

티베트의 속 요가에 따르면 꿈을 꿀 때는 방울들이 가슴 차크라에서 위로 올라가 목 차크라에 머문다고 한다. 유대교 신비주의 카발라에서도 목 센터를 꿈과 연관 짓는다. 꿈꾸는 의식은 (머리의) 완전히 깬 상태와 (가슴의) 꿈 없는 숙면 상태 사이에 있는 일종의 중간 지점이다. 꿈꾸는 동안 우리는 중간 지점까지는 올라와 있지만, 깨어 있는 의식 상태까지 다 올라와 있는 것은 아니다. 이 목구멍에 있는 중간 지점이 속 요가인 자각몽과 꿈 요가의 목표 지점이다.

속 요가식 접근법은 완전한 깨어 있음과 꿈 없는 잠, 그리고 반쯤만 깨어 있는 세 가지 의식 상태를 일으키기 위해 의식적으로 바람과 방울을 움직여 해당 차크라들로 보내는 것이다. 이러한 바람과 방울의 움직임은 우리가 잠자고, 꿈꾸고, 깨어 있을 때 저절로 일어나지만, 훈련되지 않은 사람은 그것을 알아차리지 못한다. 우리는 보통 잠들면서 의식을 잃는다. 명상 마스터들은 의식을 잃지 않는다. 그들은 모든 상태에서 알아차림 또는 맑게 깨어 있음을 유지할 수 있다.

이 미묘한 형태의 요가는 우리가 잠 속으로 떨어질 때 잃는 것이 바깥 몸의 거친 의식일 뿐임을 보여준다. 속 요가 수련을 함으로써 우리는 우리가 매일 밤 잠과 꿈 속으로 떨어질 때 하강해 들어가는 곳인 '미묘한 의식 상태'를 발견할 수 있다. 이러한 발견은 자연스럽게 꿈 속에서 맑게 깨어 있는 상태를 낳는다.

　잠과 꿈을 수련하는 요가는 마음 가는 곳에 바람 가고, 바람 가는 곳에 방울 가고, 방울 가는 곳에 의식이 간다는 기본 원리에 바탕을 둔다. 이들 차크라로 바람을 보내는 방식이자 ('바람 요가wind yoga'라고도 부르는) 속 요가의 주요한 측면을 구성하는 것은 시각화와 음송이다. 다양한 색깔의 차크라들을 시각화하고 각 차크라에 해당하는 '소리'를 음송함으로써 수련자는 차크라들의 위치에까지 의식을 옮기거나 확장하고, 그렇게 함으로써 해당 차크라가 상징하는 의식 상태에 도달하게 된다.

　차크라들을 시각화하거나 느끼거나 상상함으로써 바람과 방울을 이 지점들로 안내하는 것인데, 이 기법을 '급소에 침투하기'라고 부른다. 급소vital point란 앞에서 말한 차크라들로, 수련자는 그 안에 들어 있는 의식 상태에 침투한다. 이것은 동양식 해킹이다. 이 경우 당신은 전에는 뚫고 들어갈 수 없었던(의식하지 못하거나 맑게 깨어 있지 못했던) 꿈과 잠의 상태 속으로 들어가는 것이다.

　미묘한 몸에 대해 이 정도까지 이해를 갖추었다면 이제 이에 바탕을 둔 동양의 유도 기법들을 소개해 볼 수 있겠다. 먼저 좋은 수면 습관에 대한 더욱 미묘한 이해에서부터 시작해 보자. 이처럼 장황하게 소개하지 않았더라면, 다음에 나오는 연습 과제들을 하는 것이 별 의미가 없었을 것이다. 잊지 말자, 준비 작업이 본 수련보다 훨씬 중요하다는 사실을.

잠자는 사자 자세(와불 자세)

수동적인 자세로 있는 이 기법은 '잠자는 사자 자세sleeping lion posture'라고 하는데, 석가모니가 열반에 들 때 취한 자세로 알려져 있다. 이 자세는 아시아 도처의 그림과 조각에 흔하게 묘사되어 있다. 요가 언어로 이 무드라mudra 또는 아사나asana는 자각몽을 꾸는 데 도움이 된다. 오늘밤에 잠잘 때, 양 다리를 살짝 굽힌 채 오른쪽 옆으로 돌아눕고 왼팔은 왼쪽 몸 위에 편하게 올려놓은 뒤, (효과가 있다면) 오른팔을 구부려서 주먹을 코에 대고 눌러 오른쪽 콧구멍을 막는다.

오른쪽 통로로 드나드는 바람을 '태양 독毒 프라나sun poison prana'라고 하며 남성적이고 외향적인 바람으로 여겨진다. 꿈 요가의 세계에서 이 프라나는 '구취口臭'에 해당한다. 바람이 이 통로를 통해 흐르면 사람을 계속 깨어 있게 하기 때문이다. 다음번 밤중에 깨거나 불면증과 씨름하게 된다면 어느 콧구멍으로 숨을 쉬고 있는지 확인해 보라. 당신이 숨을 오른쪽 콧구멍으로 쉬고 있을 때가 많을 것이다. 그러면 오른쪽으로 돌아누워 콧구멍을 막아본다. 이 방법이 당신에게 효과가 있는지 보고, 발견한 것을 적는다.

_____

_____

_____

_____

왼쪽 통로로 드나드는 바람을 '달의 넥타 프라나moon nectar prana'라고 하는데, 이 바람은 여성적이고 내성적인 바람이라고 여겨진다. 속요가에 따르면 우리는 좀 더 '여성적인' 마음 상태에서 잠자고 꿈꾸고 죽는 것이 좋다. 잠자는 사자 자세를 취함으로써 우리는 바깥을 향한 오른쪽 통로는 닫히도록, 그리고 안을 향한 왼쪽 통로는 열리도록 한다.

잠자는 사자 자세는 그 자체로도 하나의 기법이지만 동시에 다른 유도 기법들의 기본 자세도 된다. 전통적으로 쓰는 다른 기법이 하나 있는데, 마치 비행기 안에서 졸듯이 앉은 자세로 자는 것이다. 그러면 좀 더 얕은 잠을 자게 되는데 이 자세는 자각몽 유도에 도움이 된다. 이런 기법들이 자신에게 효과가 있는지 보라.(효과가 없더라도 실망하지 않는다. 모든 사람에게 통하는 방법은 아니다.) 발견하거나 알아차린 내용을 아래에 적는다.

_____

_____

_____

_____

몸과 마음의 긴장 풀기

일을 마치고 집에 돌아와 저녁 시간을 보낸 뒤 잠자리에 들 준비를 할 때, 우리는 서서히 몸과 마음의 긴장을 풀고 있다. 미묘한 몸의 관점에서 보면 이는 실제로 바람이 불지 않게un-winding 만드는 것이다. 바람을 잠재우고 있는 것이다. 서양의 넥타이는 우리가 얼마나 바람을(그리하여 방울들을) 졸라매어 머리 차크라로 쑤셔 넣는지, 얼마나 우리 자신을 옥죄고, 그리하여 눈물, 두통, 불면증, 이명 등 온갖 머리 관련 장애와 수많은 질병에 시달리는지 보여주는 상징이 되었다. 넥타이가 올가미로 바뀌었고, 그것이 많은 남자들의 목을 '조르고' 있다. 잠이 부족해서 퉁퉁 부은 사업가들의 눈을 보면 꼭 미묘한 바람에 의해 부풀어 오른 풍선이 목 졸린 채 매달려 있는 것을 보는 느낌이다.

저녁 명상을 통해 우리는 내면의 넥타이를 풀고 바람과 방울이 아래로 내려올 수 있게 한다. 바람이 잦아들지 않으면 밤새 잠을 설치게 될 테니까.

연습

검은 진주들

불면증이나 여타 질환으로 인해 잠들지 못해 고생한다면 지금 소개하는 속 요가 수련법을 써보라. 양쪽 발바닥 밑에 검은 진주알이 하나씩 있다고 상상해 본다. 단단하고 서늘한 진주의 감촉을 실제로 느껴본다. 진주가 얼마나 반짝거리고 거의 따갑기까지 하는지 알아차리면서 진주에 생명력을 불어넣는다. 시각화는 곧 감각화 feelingization이기도 하다. 단순히 머리로 인지하는 것뿐 아니라 내장으로 느끼는 것이다. 잠시 동안 그렇게 시각화한 것을 느껴본다. 이렇게 하면 진주들 주변으로 의식이 활발히 움직이게 돼 진주들 속에 에너지를 불어넣는 데 도움이 된다. 이때 의식을 너무 단단히 고정시키면 마음이 다른 데로 새기 쉽다. 계속해서 검은 진주알들에 마음을 모은다. 경험한 것이 있으면 아래에 적는다.

주의를 발바닥으로 가져옴으로써 우리는 바람을 발 쪽으로 보낸다. 의식을 아래쪽으로 끌어내리는 것이다. 이것이 '중도에 이르는 극단의 길extreme path to the middle'이라 불리는 명상 계열의 일부이다. 여기서 말하는 '중도'란 깊은 잠이 거하는 곳인 가슴 차크라이다. 첫 번째 극단은 마음이 너무 위로 가 머리 차크라에 갇혀 있는 것이다. 두 번째 극단은 첫 번째 극단의 불균형을 바로잡아 주는 것으로, 주의를 몸 아래쪽인 발에 두는 것이다. 우리의 목적은 바람과 방울을 가슴 차크라로 가져오는 것으로, 이 수련(일명 '지하실 사마디subterranean samadhi')이 그렇게 하는 데 도움이 된다. 시도해 보고 효과가 있는지 살펴보라. 효과가 없으면 그것에 너무 집착하지 않도록 한다.

규칙적인 명상으로 몇 분 동안 마음을 진정시킨 뒤 추가적으로 다음에 나오는 '정화의 아홉 숨ninefold purification breathing' 수련으로 잠들기 전 행동도 정화할 수 있다. 이것은 통로의 불순물을 싹 날려버리는 탁월한 기법으로, 자각몽이 시작되는 환경을 조성하는 데 아주 좋다.

| 연습 | 정화의 아홉 숨 |

이 연습은 '묵은 공기 배출하기'라고도 불리는데 잔뜩 긴장된 상태를

푸는 데 특히 도움이 된다. 어떤 방법을 써도 소용이 없는 심각한 불면증에 유용하다. 연습의 목적은 몸 안의 묵은 프라나를 전부 내보내는 것이다. 명상 자세로 앉아 척추를 바로 세우고 엄지를 네 손가락으로 감싸는 '공격할 뜻이 없는 주먹'을 쥔다. 약지 아래쪽을 엄지로 누르면 산만하고 번잡한 생각들과 관련된 미묘한 통로가 닫힌다. 그 나디nadi를 통해 흐르는 바람에 제동을 거는 것이다.

다음은 여러 변형된 형태 중 가장 일반적으로 쓰는 방법이다.(시작하기 전에 코를 풀어서 코 안에 이물질이 없게 한다. 천천히 숨을 쉬어 과호흡이 되는 것을 방지한다.)

1. 오른손 검지로 오른쪽 콧구멍을 막는다.
2. 왼쪽 콧구멍으로 숨을 깊이 들이쉬고, 폐가 완전히 부풀어 오르면 잠시 멈춘다.
3. 숨을 천천히 내쉬고, 날숨의 끝에는 마지막 공기 한 톨까지 남김없이 짜내면서 왼손을 활짝 편다.
4. 몸속의 탁한 공기가 왼쪽 콧구멍뿐 아니라 온몸의 땀구멍을 통해서도 배출되는 것을 느낀다. 폐와 미묘한 몸 속의 묵은 공기를 전부 날려버리는 느낌이 날 것이다.
5. 이렇게 한 번 호흡을 하고서 어떤 느낌이 드는지 적는다.

_____

_____

_____

6. 이번에는 세 번 호흡한 뒤에 무엇이 어떻게 느껴지는지를 적는다.

---

7. 이번에는 왼손 검지로 왼쪽 콧구멍을 막은 뒤 위와 같은 방법으로 세 번 호흡한다.

8. 마지막으로, 두 손을 허벅지 위에 얹은 상태로 아까와 같이 세 번 호흡하되, 양손 주먹을 모두 펴고 날숨을 양쪽 콧구멍으로 내보낸다.

마지막 두 세트(7번과 8번)의 내쉬기를 하고 난 뒤, 어떤 느낌이 들었는지 적는다.

이 연습을 하기 전과 후의 생각의 질과 속도를 확인해 본다. 묵은 공기가 빠져나가니 마음도 맑아졌는가? 호흡이 끝날 무렵, 머릿속의 '거센 바람'이 좀 잦아들었는가? 경험한 바를 아래에 적는다.

이 연습을 계속해 감에 따라 일기에 기록한 내용들이 어떻게 달라지는지 관찰해 보라.

시각화의 힘

이 장에서 할 연습은 앞서 설명한 미묘한 몸의 원리를 활용해 시각화 또는 상상의 힘을 최대한 발휘해 맑게 깨어 있는 상태를 유도하는 것이다. 아래의 순서대로 시각화를 위한 '사전 작업'을 해두면 유용하다.

연습	목구멍 시각화하기

1. 잠자리에 누워 두 손을 배 위에 얹는다. 이렇게 하면 마음을 가라앉히고 바람을 잠재우는 데 도움이 된다.

2. 누웠을 때 너무 느슨해지는 것을 방지하기 위해 처음에는 약간 팽팽하게 한다. 숨을 스물한 번 쉬는데, 들이쉬고 내쉬는 것을 한 번으로 계산한다. 이렇게 하고 나니 어떤가? 느끼거나 알아차린 바를 적는다.

---

3. 숨을 스물한 번 쉬고 나서 주의를 목구멍으로 가져가 그곳에 붉은

진주알이 하나 있다고 상상해 본다. 진주알을 붉은 '아AH'(요가 언어의 씨앗 음)로 대신해도 된다. 이 차크라의 색이 붉은색이고 소리는 '아'라는 것을 기억한다. 부드럽지만 단호하게 거기에 몇 분간 마음을 두었다가 모든 걸 내려놓고 잠 속으로 들어간다. 이 연습은 누운 자세로 할 수도 있고 '잠자는 사자 자세'로 할 수도 있다. 어떤 자세가 당신에게 잘 맞는지 찾아보라. 당신이 경험한 내용들을 적는다.

시각화 수련은 샤먼 여행shamanic journeying(샤먼이나 그에 준하는 훈련을 받은 사람이 북소리 등을 사용해 의뢰인을 변성 의식 상태로 데려가 필요한 정보나 치유 등을 받을 수 있도록 하는 치유 의식-옮긴이)과 관련이 있으며, 칼 융이 말하는 '적극적 상상active imagination'과도 관련이 있다.(융은 이것을 의식과 무의식 사이의 다리로 사용했다.) 탄트라 불교에서는 '발생 단계 명상generation stage meditation'(수련자가 공emptiness과 자신이 선택한 신, 그 신의 만다라와 동료 신에 대해 명상하여 결과적으로 이 신성한 실재와 하나를 이루는 단계-옮긴이)이라고 불리는 수련법 전체가 시각화로 이루어져 있다. 자각몽 꾸기와 더불어 시각화도 '일거양득' 수련법이다. 한 가지 수련으로 두 가지 이득을 얻는 것이다. 첫 번째 이득은 시각화를 속 요가로 사용하여 깨어 있는 상태의 거친 의식에서 꿈꾸는 상태의 미묘한 의식으로 옮겨갈 수 있다는 점이다.

두 번째 이득은 시각화로 마음을 안정시킬 수 있다는 점이다. 낮에 시각화를 연습하면 밤에 그 결실을 볼 수 있다. 낮에 시각화를 통하여 마음이 안정되고 그 안정된 마음이 꿈 속에서 방출되면 꿈도 더욱 안정될 것이다. 시각화는 또한 마음을 명료하고 예리하게 만들어 꿈에서 그 결실을 보게 한다. 따라서 낮 동안의 시각화로 마음을 더 명료하고 예리하고 안정되게 만들면, 그 결과 더욱 명료하고 예리하고 안정된 꿈을 꾸게 된다. 밤이나 낮이나 비슷한 마음 근육을 사용하게 되는 것이다.

이 연습은 알아차림 상태를 유지하게 해주는 마음 챙김 명상이다. 빨간색 펜으로 꽃잎이 네 개인 빨간 연꽃을 그린다. 꽃잎 하나하나 윤곽선을 그릴 때마다 마음을 모으고 그 선에 집중한다. 그림을 그릴 때 주의가 흩어지지 않도록 노력한다.

한 번도 마음의 흐트러짐 없이 연꽃을 그릴 수 있는가? 같은 선을 한 번 더 그려본다. 급히 선을 그릴 때는 어떤 일이 일어나는가? 천천히 그릴 때는? 경험한 바를 적는다.

일단 방법을 파악하고 그리기에 능숙해진 다음에는 눈을 감고 마음으로 붉은 '펜'을 잡고 눈앞의 공간에 연꽃을 시각화한다. 여러 번 반복해서 최대한 선명하게 붉은 연꽃을 머릿속에 그려본다. 이 작업은 연꽃을 입체로 만듦으로써 시각화에 에너지를 불어넣는 데 도움을 준다. 꽃에 생명을 불어넣어 꽃잎이 팔랑거리게 만들어보라. 단순히 생각만으로 하지 말고 감정과 진동을 불어넣는 것이 좋다. 느낀 바를 적는다.

이 작업이 쉬운가, 아니면 어려운가? 주의가 흐트러지지 않고 연꽃을 그리는 것이 어려운가? 그림을 빨리 그리는 것이 도움이 되는가, 아니면 천천히 그리는 것이 도움이 되는가?

시각화에 열정과 에너지를 불어넣으면 무슨 일이 일어나는가?

이 연습에 능숙해지면, 이번에는 연꽃을 목구멍으로 옮겨 시각화한다. 반복해서 그리되 최대한 붉고 실감나게 그려본다. 그 연꽃이 흔들리는 것을 느껴본다. 이 단계는 목 차크라를 자극하고 다음의 마지막 연습으로 가는 다리가 되어준다. 시각화하기가 쉬운가? 아니면 어려운가? 두 손으로 목젖을 부드럽게 감싸보라. 목구멍에 계속해서 주의를 두는 데 도움이 되는가? 이제 손가락으로 목을 마사지해 준다.

그것이 시각화에 어떤 영향을 미치는가?

_____

_____

시각화에 느낌을 불어넣으면 생동감이 생겨 그것을 꿈 속으로 가져오는 데 도움이 된다. 새로운 연인이나 꿈꾸던 휴가 또는 갖고 싶은 새 차를 상상하거나 시각화하기는 어렵지 않다. 우리의 느낌이 자연스럽게 그 이미지들에 생명력을 불어넣어 주기 때문이다. 그 정도의 에너지를 연꽃 그리기 연습에 쏟아야 한다. 이는 의도에 불을 지피는 또 하나의 방법이다. 동양식으로 말하면 이것은 카르마(행동)를 강화하는 방법이다. 행동을 일으키는 것은 언제나 의도이다.

이것이 처음에는 인위적으로 보일 수도 있지만, 시각화는 여러 지혜 전통에서 수천 년 동안 사용되어 온 방법이다. 동기 부여 강연가들은 시각화가 지닌 강력한 효과를 주장하며 "실감나게 상상할수록 결과는 더 현실화된다"는 벵골 시인 타고르의 말을 되풀이한다.

다시 말하지만 믿으면 보일 것이다. 일단 진심으로 믿으면 시각화 연습의 효과를 보게 될 것이다. 그리고 믿음을 키우는 최선의 방법은 그냥 하는 것이다. 끈질기게 연습하라. 낮에 하는 시각화가 명료하고 예리하며 안정적이 되어가는 것을 지켜보다 보면 꿈도 그렇게 변해가는 것을 보게 될 것이다. 처음에는 겪은 바가 아무것도 없더라도 경험한 대로 기록해 두는 것이 그래서 중요하다. 기록을 해두면 자신이 발전해 가는 모습을 추적해 볼 수 있다.

탄트라 경전에 의하면 예리하고 꾸준한 마음을 지닌 시각화의 대가들은 깨알만 한 공간 안에 수백 명의 신들을 시각화할 수 있다고 한다. 이들은 수련의 결과로 지속적인 자각몽 꾸기라는 수확을 거두는 정신의 금메달리스트들이다. 이는 당신을 주눅 들게 하려는 말이 아니라 어디까지 가능한지 보고 한번 마음 내보게 하려고 하는 말이다. 마음에는 놀라운 능력이 있다.─그것을 훈련하기만 한다면!

| 연습 | 연꽃 그리기 |

이 모든 것을 잠자리로 가져가는 좀 더 향상된 방법으로 '목구멍의 연꽃 그리기'부터 시작한다.

1. 잠자리에 누워 두 손을 배에 얹고 스물한 번 호흡을 헤아린다.
2. 목구멍 안에 꽃잎이 네 장 달린 붉은 연꽃을 시각화한다.
3. 마음의 눈으로 연꽃의 윤곽을 몇 번 반복하여 그린다.
4. 목구멍 바깥쪽을 향해 있는 맨 앞의 꽃잎에 마음을 모은다. 졸리기 시작하면 오른쪽에 있는 꽃잎으로 옮겨가 거기에 부드럽게 주의를 기울인 채 마음의 눈으로 그 꽃잎을 앞뒤로 그려본다.
5. 졸음이 더 쏟아지면 뒤에 있는 꽃잎으로 옮겨가 거기에 마음을 모으고 잠시 머무른다.

이때쯤 되면 당신은 잠에 들었다 깨기를 반복하며 마음의 눈으로 꽃을 계속 바라보고 있기가 점점 어려워진다. 마음의 '펜'이 자꾸만 '캔

버스'를 벗어난다. 바야흐로 당신은 선잠이 든 상태에서 잠의 신 히프노스Hypnos를 향해 가고 있다.

6. 완전히 잠이 쏟아지면, 왼쪽에 있는 꽃잎으로 옮겨가 그곳에 희미해져 가는 의식을 잠시 내려놓는다. 이제 정말로 깨어 있는 의식에 대한 통제력을 잃고 잠 속으로 빠져들고 있다.

7. 의식을 간신히 붙들고 있는 정도가 되면, 마지막 단계로 의식을 연꽃 중앙에 가져온 뒤 놓아버린다. 모든 것을 내려놓고 잠 속으로 빠진다.

아침에 일어나거나 밤중에 깨었을 때, 당신이 발견한 내용을 기록해 둔다. 이 연습이 얼마나 잘됐는가? 어디까지 연꽃을 그렸는가? 마음이 산만했는가? 아니면 너무 졸려서 집중이 잘 안 되었는가?

_____

_____

_____

_____

이 연습은 전에 몰랐던 것을 보게 해준다. 이 연습이 당신에게 잘 맞지 않거나 잘 안 된다고 해서 자신을 탓하지 마라. 연꽃 시각화는 꿈 요가 전통에서 나온 것으로, 이 책에서 소개하는 가장 미묘하고 난이도 높은 수련법이다. 이 방식이 잘 맞고 또 계속 해볼 만하다면 이 '하강 시각화descent visualization'는 당신이 밤에도 맑게 깨어 있는 데 큰 도움을 줄 것이다. 성공하지 못한다 해도, 단지 시도하는 것 자체만으로 알아차림을 밤 시간으로 가져오고 자각몽을 유도하는 강력한 수련이 된다.

이 정교한 명상은 잠으로 들어가며 점점 더 미묘해지는 네 가지 단계 속으로 우리를 안내한다. 대개 형식도 일정치 않고 명확하지도 않은 과정에 세련된 구조를 입혀, 앞에서 얘기한 '밝기 조절 스위치'를 설치해 주는 것이다. 수련을 계속하면 잠으로 들어갈 때 맑게 깨어 있도록 해주는 '광자photons' 몇 개를 켜두는 법을 알게 될 것이다. 이 수련은 마음이 잠 속으로 하강할 때의 미묘함에 꼭 맞춰 설계된 것임을 기억하자.

이 수련에는 시간과 끈기가 요구되며, 당신이 얼마나 피곤한가에 따라 매일 밤 경험이 달라질 것이다. 고단하다면 빠르게 연꽃에서 내려올 것이고, 그리 피곤하지 않다면 잠들기까지 몇 분 정도는 걸릴 것이다. 몇 주 동안 이 연습을 해본 뒤 경험한 내용을 적는다.

질문과 답변

● 아쉬탕가 요가나 하타 요가 같은 규칙적인 겉 요가도 미묘한 몸에 영향을 주는가?

그렇다. 하지만 그런 요가들은(그리고 다른 많은 바깥 몸 수련들은) 속

요가와 달리 미묘한 몸을 직접적인 타깃으로 삼지 않는다. 양방향성 원리에 따라서 우리는 언제나 자기가 알든 모르든 미묘한 몸에 영향을 끼치고 있다. 이 말은 곧 규칙적인 명상 역시 미묘한 몸에 영향을 미친다는 뜻이다. 마음이 몸에 영향을 미치면 그것은 하향식 인과 관계이고, 몸이 마음에 영향을 미치면 이는 상향식 인과 관계이다. 이 상호 인과 과정에 깨어 있음으로써 우리는 어느 방향으로든 더 빠른 변형이 일어나게 할 수 있다.

● 미묘한 몸을 가지고 작업할 때 위험한 점은 없는가?

미묘한 몸은 바깥 몸의 변화에 긍정적이든 부정적이든 영향을 미칠 가능성이 매우 크다. 하지만 좋은 소식이 있다. 이 책에 소개된 초급 수준의 속 요가 방법들은 모두 안전하다. 고급 속 요가 기법들은 부적절하게 사용할 경우 위험이 따를 수 있다.

● 미묘한 몸이 전부인가? 아니면 그보다 더 미묘한 무엇이 있는가?

미묘한 몸 내부 또는 아래에 실제로 형상이 없는 매우 미묘한 몸이 있으며, 지혜 전통들에 따르면 그것에서 미묘한 몸과 거친 몸이 생겨난다고 한다. 이 매우 미묘한 몸은 꿈 없는 깊은 잠이나 깊은 명상에 혹은 죽음에 들어갔을 때 우리가 머무는 곳이다. 서양에서는 그것을 종종 '영혼soul'이라고 부른다.

수면 요가는 우리가 죽음을 준비할 수 있도록 고안된 형태 없는 명상들(바르도 요가bardo yoga)과 마찬가지로, 심장 센터에 깃든 이 '매우 미묘한 몸'으로 하는 작업이다. 거친 몸은 '시끄럽고loud', 미묘한 몸은

'조용하며quiet', 매우 미묘한 몸은 완전히 침묵한다silent. 이 세 가지 몸은 우리 안에 있는 것을 가장 단순하게 형상화한 것이다. 힌두교의 다섯 코샤kosha(코샤는 껍질이라는 뜻으로, 우리 영혼은 다섯 개의 껍질, 즉 몸에 둘러싸여 있다고 한다―옮긴이)처럼, 다른 몸들이 더 있다고 말하는 전통도 있다.

제3부

자각몽으로
무엇을
할 것인가?

10. 일반적인 장애물과 그 해결책

　자각몽 꾸기에는 무한한 가능성이 있지만, 그 가능성에는 장애물—일반적인 장애물과 구체적인 장애물, 내적 장애물과 외적 장애물 모두—이 따라온다. 그런 장애물을 이해하고 있으면 그것들을 잘 극복할 수 있을 것이다. 다른 시각으로 보면 장애물은 사실 변장해서 나타난 '기회'로, 성장을 가로막기보다는 오히려 촉진시킬 수 있다. 어떤 꿈 요가 마스터가 말하듯이, "장애물은 길을 막는 게 아니다. 장애가 곧 길이다." 먼저 외적이고 일반적인 장애물을 살펴보고, 다음 장에서 내적이고 구체적인 어려움을 살펴보기로 하자.

　일반적인 장애물을 이해하고 변형시키는 것이 구체적인 장애물(예컨대 자각몽을 연장하는 법이나 끝내는 법 같은)을 다루는 것보다 중요하다. 여기서도 준비 작업이 본 수련보다 중요하다는 자각몽 꾸기의 원리가 적용된다. 일반적인 장애물을 해결하면 구체적인 문제들은 상당 부분 저절로 해결될 것이다.

꿈과 마찬가지로 많은 장애물은 무의식 차원에서 작동한다. 그래서 강력한 힘을 발휘하는 것이다. 장애물은 의식의 표면 아래서 작동하며, 그 파괴력은 장애물이 얼마나 깊고 무의식적인지에 정비례한다. 무의식을 다룰 때 우리는 사각 지대를 다루게 된다. 이 사각 지대의 그림자들 속에 편견과 선입견이 얼마나 깊이 숨겨져 있는지 때로 우리는 우리가 보지 못한다는 사실조차 알지 못한다. 따라서 그 첫 번째 일반 해결책은 '어두운 측면이 가진 힘'을 이해하고 인정하며 그 모든 것에 미소 짓는 것이다.

올바른 태도를 취할 때 우리는 대개 장애물을 기회로 바꿀 수 있다. 그런즉 모험심, 어둠 속으로 걸어 들어가는 용기, 자신의 어두운 면을 기꺼이 드러내겠다는 의지, 역경을 참고 견디는 힘, 그리고 이 '야간 프로젝트'를 껴안을 정도의 유머 감각을 기를 필요가 있다. 이런 자질들로 배낭을 가득 채우면 맑게 깨어 있기로 가는 여정에서 성공을 거둘 것이다.

다시 말하지만 대체로 꿈은, 특히 자각몽은 우리가 보지 못했던 것들을 드러내 보여준다. 이와 마찬가지로 이 모든 장애물에 대해 배우는 것 역시 전에 보지 못했던 것들을 드러내주며 당신 자신에 대해 많은 것을 가르쳐준다. 자각몽이라는 모험에 동반되는 많은 어려움을 탐색해 가면서 우리는 온갖 눈가리개들을 발견하고 제거할 수 있다. 성공적인 꿈 탐험가란 이러한 '드러내짐exposure'을 기뻐하는 사람이다. 이것이 우리가 어둠 속으로 들어가 이 장애물을 빛 속으로 가져올 때 지녀야 할 마음가짐이다.

잠시 시간을 내어 이런 말들이 당신에게 어떻게 다가오는지 적어보

라. 당신은 기꺼이 이런 '드러내짐'을 맞이할 의사가 있는가? 당신은
자기 자신에 대해 정말로 얼마나 알고 싶은가?

☾ 사회·문화적 장애물

가장 큰 장애물 가운데 하나는 일반적으로 꿈을 소홀히 여기는 서
구 사회의 경향이다. "그건 그저 꿈일 뿐이야"라는 말은 서구 사회에
서 흔히 쓰는, 꿈을 사소하게 여기는 표현이다. 서양에서 꿈은 생시보
다 덜 진짜처럼 여기고, 그래서 중요치 않게 취급한다. 이들이 중요하
게 여기는 것은 깨어 있는 상태의 의식, 즉 우리가 통제할 수 있는 것
이다.

이 책을 읽으면서 꿈에 대한 태도가 달라졌는가? 달라졌으면 무엇
이 그런 변화를 가져다주었는가? 달라지지 않았으면 당신이 달라지
는 데 무엇이 필요하겠는가?

우리는 이것이 현실을 바라보는 서구적 시각일 뿐이며, 사실은 소
수의 근시안적 시각임을 깨달을 필요가 있다. 유럽과 그 문화권에 속
한 국가들 말고도 세계에는 4천 개가 넘는 문화가 있고, 그중 약 90퍼

센트가 변성된 의식 상태에서 얻은 경험, 특히 꿈에서 얻은 경험을 귀하게 여기고 있다. 많은 문화들에서 꿈은 '비현실'이 아니라 '현실의 다른 측면'으로 여긴다. 인류학자 찰스 D. 로플린Charles D. Laughlin에 의하면 이러한 문화들에서 "꿈 속의 경험은, 깨어 있을 때의 경험과 마찬가지로 한 개인의 정체성 발달은 물론이고 자아와 세계에 대한 사회의 일반적인 지식 체계에도 영향을 미친다"[35]고 한다.

동양의 관점에서는 꿈 속에서 맑게 깨어 있다면, 오히려 깬 상태의 의식일 때보다 실재와 더 연결되어 있다고 본다. 꿈에 하는 명상이 깨어서 하는 명상보다 아홉 배나 효과적인 이유가 여기에 있다. 믿기지 않겠지만, 꿈 없는 깊은 잠 속에서 맑게 깨어 있을 때가, 우리 가운데 대부분은 경험하지 못했을 터이고 따라서 상상하기도 어렵겠지만, 우리가 실재와 가장 직접적으로 접촉할 수 있는 때이다. 이와 관련하여 인도의 성자 라마나 마하르쉬Ramana Maharshi는 "꿈 없는 깊은 숙면 상태 속에 존재하지 않는 것은 진짜가 아니다"라고 말했다.

그러니 시선을 위로 들어 서양의 좁은 견해 너머를 보자. 꿈 속의 경험을 포함해, 변성된 의식 상태를 중요하게 여기는 문화권에서 나온 꿈 관련 책들을 읽어보자. 꿈을 존중하는 사회와 꿈을 소중히 여기는 영적 전통에 대한 이야기들을 살펴보자. 인류학자 타라 럼프킨Tara Lumpkin은 서구 사회처럼 의식의 다양성을 인정하지 않는 사회는 '인식의 다양성'을 제한한다고 주장하는데, 이것이 앞에서 얘기한 미묘한 형태의 편견 중 하나이다. 이 다양성의 결핍, 즉 깨어 있는 상태의 의식만 편애하는 교묘한 차별을 알아차리고 그것을 개선하기 위해 노력해야 한다.

실재에 대한 자신의 관점이 얼마나 다각적인지, 그리고 '깬 상태의 의식waking consciousness'에 대한 편견의 정도가 얼마나 심한지 생각해보고 그 내용을 적어보자.

깬 상태 중심주의

자각몽 꾸기의 가장 악랄한 장애물 가운데 하나는, 이 또한 문화적 부산물인데, 깬 상태의 의식에 대한 우리의 편애이다. 이것은 인간 발달에 전반적으로 영향을 미치는 문제인데, 이러한 편향이 일종의 발달 정체 상태인 에고와 관련이 있기 때문이다. 에고는 수많은 편견들을 붙들고 있는데, '깬 상태 중심주의wake-centricity'가 그중 가장 심하다. 에고는 우리가 눈을 뜨고 깨어 있는 상태일 때에만 온전히 작동하며, 잠이 들면 사라진다. 그래서 꿈꾸는 상태처럼 자신이 온전히 경험할 수 없는 다른 의식 상태를 무시한다.

에고가 우리 삶을 장악하는 것만큼이나 눈 뜨고 깬 상태의 의식도 우리 경험을 장악한다. 환한 대낮에 경험할 수 없는 어떤 것이 있다면 에고는 그것이 진짜가 아닐 거라고 추정한다. '에고'란 자기 중심적이고 육신에 바탕을 둔 발달 단계를 이르는 것으로, 세속에서 신성으로 향하는 발달의 사다리 중 한 칸에 해당할 뿐이다. 흔히 말하는 '에고가 센' 사람이란 이 발달 단계의 특성을 부풀리는 사람이다. 인간의 진화에서 에고의 단계는 외부의 빛에 유혹을 당하고 거기에 눈이 멀어서 우리로 하여금 꿈의 거주지인 더 어둡고 깊은 자아로부터 멀어지게 한다. 이것이 거친 에고가 자신이 인식할 수 없는 미묘한 상태들을 무시하는 경향을 보이는 또 다른 이유이다.

당신은 낮에 경험하는 것이 밤에 경험하는 것보다 더 실제적이라고 생각하는가? 그렇다면 어째서 낮의 경험이 더 진짜라고 생각하는지 그 이유를 적어본다.

'깬 상태 중심주의' 뒤에는 실재를 아는 유일한 방법은 외적인 신체 감각과 그 감각 데이터들을 활용하고 조정하는 '생각하는 마음'을 통하는 것뿐이라는 가정이 깔려 있다. 하지만 이는 실재를 바라보는 폐쇄적인 마음가짐이자, 실재의 두 가지 필수 상태를 배제하는 제한된 관점이다. 럼프킨이 말한 대로 "전체 의식 체계는 훨씬 더 복합적이며, 이를 잘게 나누어 그중 한 부분인 깬 상태의 이성적 의식만 중요하게 여긴다면 전체로서의 가치를 잃어버리게 된다."[36] 전체를 완성하는 나머지 두 가지 필수 상태는 꿈꾸는 상태의 미묘한 의식과 꿈 없는 숙면 상태의 매우 미묘한 의식이다. 어떤 의식 상태에서도 온전히 깨어서 살아가는 명상 대가들의 경우, 꿈꾸는 상태나 잠자는 상태에서의 경험도 깬 상태에서의 경험만큼이나 생생하다.

깬 상태의 의식이 에고가 실재를 온전히 경험할 수 있는 유일한 상 태이기 때문에, 에고는 자신의 모든 자산을 이 하나의 경험 대역폭에 투자해 왔다. 이러한 투자 전략에 오류가 있다고 이의를 제기하는 것 은 에고 자체에 도전하는 것이다. 그러므로 자각몽(특히나 더 이상 에고 를 보호하거나 부풀리는 것을 목표로 하지 않는 초개인적인 단계, 즉 초에고적 인 단계)은 에고의 제한된 세계관에 이의를 제기하고 인식의 편향에 맞서며, 의식에 대한 에고의 주장에 이의를 제기함으로써 에고에게 모욕을 준다. 경계선을 긋는 것이 특징인 에고는 이러한 모욕을 자신 의 안전을 침범하는 것으로, 자신의 지배권, 심지어는 자기 존재 자체 를 위협하는 것으로 받아들인다. 무의식 깊은 곳에서 에고는 밤에 하 는 명상들이 경계선을 허묾으로써 결국은 자신을 허물어뜨린다는 사 실을 알고 있는 것이다.

이런 이야기가 당신한테는 어떻게 들리는가? 당신을 불편하게 하 는가, 아니면 해방감을 주고 시원하게 해주는가?

자각몽 꾸기는 때때로 '꿈 해킹'이라 불리기도 한다는 사실을 기억 하자. 수련의 수준이 깊어지면 자각몽은 에고를 해킹하여 그 운영 체 제를 교란시키는 방법 중 하나이기도 하다. 당신은 기꺼이 교란당할 의사가 있는가? 아니라면 왜 아닌가?

초기 단계의 자각몽은 에고에 그다지 위협이 되지 않지만 그것이 꿈 요가로 진화하면 얘기가 달라진다. 꿈 요가는 에고의 낡은 운영 체제를 뒤집어엎고 우리의 파일을 업데이트해서 거기에 꿈꾸는 의식과 잠자는 의식이라는 다른 두 가지 상태를 포함시키도록 설계되어 있다.

에고 구조는 자각몽이 높은 수준에 이르면 느슨해지다가 꿈 요가나 수면 요가에서는 완전히 없어진다. 명상 마스터 트룽파Trungpa 린포체가 한 말을 좀 바꿔서 표현하자면, 당신은 자신의 장례식장에 들어가지 못한다. 즉 에고는 에고 없는/꿈 없는 상태에 들어가지 못하기 때문에 깊은 차원에서 그런 상태를 두려워한다. 밤의 명상은 에고에게, 비록 완전하게 인식되거나 표현되지는 않더라도 강력한 위협이 된다. 에고는 이러한 깊은 수련에 대해 뭔가 잘못된 것이라는 느낌을 받는다. 그러나 낮은 발달 단계에서의 '죽음'이 더 높은 단계로의 탄생과 초월을 가능케 한다는 사실을 알면, 우리는 내려놓을 용기, 즉 '죽을' 용기를 얻게 된다.

이 주장을 잘 음미하면서 초월에 대한 이 약속이 불안감을 기대감으로 바꿔주는지 어떤지 적어본다. 에고를 넘어서 성장하는 것에, 그 새로운 가능성에 설레는가?

깬 상태 중심주의라는 장애물을 넘는 첫 번째 방법은 에고가 '정지된 발달의 한 형태'이며 성장은 에고를 초월한 영역으로 계속 이어진다는 사실을 깨닫는 것이다. 인간 발달의 스펙트럼에서 에고가 차지

하는 위치를 알게 되면, 에고에 대한 집착을 내려놓기가 더 쉬워질 것이다. 발달학 연구, 진화 심리학, 자아 초월학, 통합 심리학은 성장에 대한 이러한 내적 관점을 확립하는 방법들로, 발달 측면에서 밤 명상이 지닌 역할을 이해하는 데 도움을 준다.

이 장애물을 넘는 두 번째 방법은 깬 상태의 의식이 전체 그림의 한 부분에 지나지 않는다는 사실을 깨우치는 것이다. 꿈꾸는 상태와 꿈 없는 수면 상태에서의 맑게 깨어 있는 경험을 받아들이면 훨씬 더 풍요로운 인생을 살게 될 것이다.

롤 모델이 없음

자각몽 꾸기의 또 다른 장애물은 역할 모델이 없다는 것이다. 당신은 자각몽의 권위자 혹은 자각몽 세계에서 존경할 만한 인물을 떠올릴 수 있는가?

이 분야에도 학술적·과학적·영적인 선구자들이 물론 있지만 그들 대부분은 우리의 레이더망 밖에서 활동하고 있다. 대부분의 자각몽 수련자들은 자신의 경험에 의존하면서 몇 권의 책에 쓰인 내용을 믿고 가끔 세미나에 참석하는 것으로 이 길을 헤쳐 나가고 있다. 젊은 과학자들은 자각몽 분야에서 커리어 쌓기를 주저하는데 이는 이 특별한 꿈의 세계를 용기 있게 연구하는 이가 드물고 꿈 요가의 대가들은 조명받기를 꺼리기 때문이다. 과학자 우르줄라 보스Ursula Voss는 한

원로 꿈 연구가로부터 처음 공동 연구 제안을 받았을 때, '안 돼! 뭔가 더 과학적인 걸 해야지'라고 생각했다고 고백한다. 보스는 뒤에 마음을 돌렸고, 그 후로 가장 영향력 있는 자각몽 과학자 가운데 한 명이 되었다.[37]

친구들 가운데 꿈 요가는 차치하고 자각몽에 관해 들어본 사람이 몇이나 되는가? 영화 〈인셉션Inception〉 외에 자각몽을 다루는 영화를 몇이나 알고 있는가?

또래 압력peer pressure(나이나 신분이 비슷한 집단 안에서 암묵적으로 정해진 규칙이나 지침, 가치관 등을 따라야 한다는 보이지 않는 압력을 말한다—옮긴이)을 가볍게 여기지 마라. 또래 집단은 우리를 더 고무시킬 수도 있고 거꾸로 좌절시킬 수도 있다. 당신은 다른 사람들에게 자각몽이라는 주제를 꺼내는 것이 조금 부끄럽거나 창피한가? 자각몽 꾸기가 당신을 설레게 한다면—분명히 그랬기에 이 책을 여기까지 읽었을 텐데—자각몽의 어떤 점이 당신의 흥미를 돋우는가?

밤 명상은 원래 고독한 작업이다. 밤의 어둠 속으로 여정을 떠날 때 당신은 아무도 데리고 갈 수 없다. 역할 모델도 없고 문화적·사회적 지원도 없다. 또래 집단의 압력은 크다. 자각몽 꾸기는 개척자로서 많은 노력을 쏟아야 하는 일이며, 당신은 이러한 압력을 기꺼이 마주하고 굳건히 버텨내야 한다.

또래 집단으로부터 받는 부정적인 압력을 해소하는 한 가지 방법은 자각몽 꾸기 관련 커뮤니티들('레딧Reddit'이나 내가 운영하는 '나이트클럽 Night Club' 커뮤니티 같은)을 찾는 것이다. 자각몽의 이점이 알려지면서 자각몽을 꾸는 이들의 하위 문화도 계속 성장하고 있다.

☾ 내적 장애물들

우리가 태어난 첫날부터 외부의 장애물들이 점차 내면화돼 무의식의 그림자 속에 도사리고 있으면서 우리의 의식적인 삶에 조용하지만 강력하게 영향을 끼친다. 외부의 영향은 찾아내고 인정하고 비난하기가 상대적으로 쉽지만, 우리 속에 내면화된 것들은 칠흑 같은 어둠 속에 숨어 보이지 않는다. 그래서 내적 장애물들은 다루기가 더 힘들지만, 잘 극복하면 그만큼 받는 보상은 더 크다.

이 내면의 힘들은 노련한 로비스트처럼 무의식의 복도들을 돌아다니며 우리의 의식적 경험을 크게 제한하는 '인식과 지각의 법'을 제정하도록 영향력을 행사한다. 이 의식적 경험은 양방향성 원리에 따라 다시 무의식에 다운로드되어 우리가 무의식에서 하는 경험에 제약을 가한다. 다시 말해 이 똑같은 내면의 법들이 우리가 꿈꾸는 방식을 결정하는 것이다. 이 내면의 법들을 의식적 알아차림이라는 빛 속으로 가져옴으로써 우리는 그것들과 새로운 관계를 맺고 우리 꿈에 빛을 비출 수 있게 된다.

첫째, 우리는 자기 정체성의 전체 스펙트럼을 알아야 한다. 정체성의 구조에 대해, 자기가 누구이고 어떤 방식으로 자신을 표현하는지에 대해 깊이 이해하면, 자신의 서로 다른 측면들과 관계 맺는 데 도움이 될 것이다.

당신은 한 번이라도 '나는 누구인지' 면밀히 살피거나 그런 질문을 던져본 적이 있는가? 책을 내려놓고, 나이에 상관없이 이 질문을 던져보라. 당신은 자신이 한 가지 정체성의 주파수로만 살아간다고 생각하는가? 아니면 순간순간 나타나는 여러 자아들의 복합체라고 생각하는가?

우리는 하나의 정체성 대역폭에서만 활동하지 않는다. '적외선'에서 '자외선'까지, 야수 같은 면에서 붓다 같은 면까지 존재의 스펙트럼 전체에 걸쳐 있다. 우리의 적외선적인 측면은 거칠고 이기적이고 저급하고 무지하고 잠들어 있기를 선호한다. 자외선적인 측면은 미묘하고 이타적이고 세련되고 지혜롭고 깨어 있기를 갈망한다. 이 더 높은 대역폭은 진화의 최전선에서 당신의 나머지 부분을 끌어가고 있다.

잠시 멈추고 스스로를 토닥거려 주라. 하지만 성장을 향한 열망이 역설적으로 에고를 부풀리지 않도록 조심하라. 자신을 부풀리는 쪽으로 너무 가까이 간 것 같지는 않은가? 심리적·영적으로 진화하려는 열망의 그림자 안에 자기 우월감의 색채가 드리워져 있지는 않은가?

정체성의 맨 앞에서는 '발달'이라는 가속 페달이 당신이 미래로 나아갈 수 있도록 추진력을 내고 있다. 하지만 정체성 열차의 맨 끝 칸은 수많은 과거의 짐들, 다시 말해 습관적 패턴들로 꽉 차 당신이 앞으로 나아가지 못하게 붙들고 있을 수 있다. 제임스 조이스James Joyce 의《율리시즈》에서 스티븐 디딜러스는 "역사는 내가 깨어나고자 하는 악몽"이라고 말한다. 당신의 적외선 부분은 "자각몽은 네게 어울리지 않아"라고 패배주의적인 말을 속삭인다. "시간 낭비라고. 너는 이거 못해. 그건 네가 하기엔 너무 미묘하고 고차원적이야" 또는 "나는 자각몽 같은 거 꾸기엔 너무 바빠. 뭔가 현실적인 것을 하자"라고 말이다. 이런 속삭임에 외부의 힘마저 가세하면 의심은 더욱 증폭된다. 당신은 이런 패배주의자의 속삭임을 듣고 있는가? 그렇다면 그 대사를 여기에 적고 왜 그런 느낌이 들었는지 설명해 본다.

패배주의자의 속삭임에 대한 해결책은 먼저 의식의 스펙트럼 자체인 정체성의 스펙트럼을 발견하고 진화의 꼬리가 가진 힘을 인정하는 것이다. 그러나 그 꼬리에 휘둘리지는 마라. 의심의 목소리가 올라오면 그냥 흘러가게 두라. 내면의 비판자가 떠들면 귀를 막아라. 계속 이렇게 하면서 진화의 힘이 알아서 하도록 내맡기면 조만간 모든 짐들이 떨어져나가고, 당신은 더 가볍고 자유롭게 미래로 나아갈 수 있을 것

이다.

인간의 발달, 그리고 맑게 깨어 있음에 이르는 길의 핵심은 크게 보면 무엇을 받아들이고(자외선 영역) 무엇을 거부할 것인가(적외선 영역)이다. 다시 말해 정체성의 대역폭에서 덜 진화한 부분을 찾아내 흘려보내고, 더 진화된 부분은 찾아내 키우는 것이다.

다음의 연습 과제가 바로 이 작업을 위한 것으로, 맑게 깨어 있기를 원치 않는 부분과 맑게 깨어 있음으로 이끄는 부분이 무엇인지 드러내준다. 이 연습은 우리가 모르고 있던 자신의 모습을 드러내 보여주며, 그 결과 때로 우리를 겸허하게 만들어준다.

몇 분 또는 몇 시간이나 며칠 시간을 내어, 최근에 당신이 이기적으로 굴었거나 타인을 무시하는 행동을 한 적이 있는지 돌아본다. 그 적외선 생각과 행동을 아래에 적는다.

_____

_____

_____

_____

_____

자신을 질책하지 말고 단지 그런 태도와 행동이 자신의 일부임을 깨닫는다.

이제 다시 시간을 내어, 최근에 당신이 남들을 배려하고 이타적으로 생각하거나 행동한 적이 있는지 돌아본다. 그 자외선 생각과 행동을 아래에 적는다.

_____

_____

_____

_____

_____

당신의 이런 부분을 인정하고 축하하며 더 키워나간다. 이러한 생각과 행동은 진화를 이끄는 엔진임을 알자.

자각몽 꾸기는 당신을 도와서 참 당신이 누구이며 대부분의 시간을 어떤 '주파수'에서 보내는지 알게 해주고, 그렇게 하여 비자각적인 주파수에서 자각적인 주파수로 쉽게 전환할 수 있도록 해준다. 이 '드러남'을 즐기는 사람도 있고 겁내는 사람도 있다. 당신은 어느 쪽인가? 이 연습에 대한 당신의 느낌은 어떤가?

_____

_____

_____

습관의 힘

우리를 맑게 깨어 있지 못하게 하는 여러 힘들 가운데 가장 다루기

힘든 것은 아마도 습관의 힘일 것이다. 습관이 우리의 기본 값, 즉 삶에 대한 자동 반응을 만들어낸다. 습관은 또한 우리가 당연히 여기거나 의문을 가질 생각조차 해보지 않는 가정이나 믿음을 낳는다.

습관의 힘을 재미있게 실감해 보려면 평소에 쓰지 않던 손으로 칫솔질을 하거나 아래 빈 줄에 아무 문장이나 옮겨 쓰되 평소와 달리 오른쪽에서 왼쪽으로 써나가 보자.

아마 쉽지 않을 것이다. 우리를 맑게 깨어 있지 못하게 하는 힘은 훨씬 더 강력하다.

대부분의 사람들은 꿈을 자각하지 못하는 걸 당연하게 여긴다. 그래서 마침내 자각몽을 꾸면 깜짝 놀라기도 한다. 우리는 대부분 '꿈을 자각할 수 없다'는 이 당연해 보이는 관점이─부모나 친구, 동료, 비자각몽의 세상에 살고 있는 대부분의 사람들이 본의 아니게 우리에게 주었다는 점에서─실은 '주어진 것'이라는 사실도 깨닫지 못하고 있다.

이는 습관(또는 카르마)이 단지 개인적인 것이기만 한 게 아니라 집단적인 것이기도 하다는 점을 암시한다. 개인과 집단은 습관을 만들어내고 그것을 서로 강화시킨다. 자아는 사회의 산물이고 사회는 자아들의 집단적 산물이다. 그래서 습관은 이중고를 낳는다. 내면과 외면, 개인과 집단 양쪽에 영향을 주는 것이다.

우리는 늘 명상 중이라는 사실을 잊지 말자. 우리는 언제나 마음이 흐트러진 상태(맑게 깨어 있지 않음)에 점점 익숙해지고 있거나 마음을 모은 상태(맑게 깨어 있음)에 점점 익숙해지고 있는 중이다. 따라서 진화를 향한 엔진에 연료를 넣고 있든지 퇴화를 향한 꼬리 칸에 짐을 더 싣고 있든지 둘 중 하나를 하고 있는 것이다. 습관은 좋은 소식과 나쁜 소식이 공존하는 시나리오이다. 우리는 습관의 힘이 우리를 계속해서 맑게 깨어 있지 않은 상태로 몰아넣도록 내버려둘 수도 있고, 습관을 이용해 스스로를 깨어 있는 상태로 밀어낼 수도 있다. 이 책의 대부분은 후자를 위한 것이다.

자각몽을 꾸고자 하는 사람들이 마주하는 가장 불편한 것 중 하나는 자신 안에 맑게 깨어 있지 않음을 향한 욕망이 숨어 있음을 깨닫는 것이다. 우리가 주의 산만의 힘에 굴복하고, 마음 흐트러짐의 동굴로 들어가고, 생각 없음의 멍함에 빠질 때마다―이 모든 현상이 '맑게 깨어 있지 않음'의 유의어이다―퇴행적인 이 습관은 더욱 강화된다. 게다가 우리는 그것을 위해 값까지 지불한다. 우리는 영화에 빠져드는 것을 너무나 좋아하고, 연예 산업은 주의 산만 또는 맑게 깨어 있지 않음을 이용해 수십억 달러의 성공 신화를 쌓는다. 이 산업의 진짜 어두운 측면은 그 영화들이 외부에서만이 아니라 우리 내면에서도 돌아간다는 것이다.

머릿속에서 움직이는 생각에 빠져들 때마다 우리는 이 맑게 깨어 있지 않음의 산업에 투자하는 것이다. 어떤 감정에 휩쓸릴 때 우리는 맑게 깨어 있지 않음에 투자하는 것이다. 이런 주의 산만에 현금으로 대가를 지불하지는 않을지 모르지만 결국은 '주의attention'라는 돈으로 값을 치르게 되고, 이는 우리 삶으로 대가를 치르게 된다는 뜻이다.

맑게 깨어 있지 않음의 수많은 형태에 빠져드는 대가가 곧 우리 삶의 질인 것이다.

연습 | **주의 산만의 유혹**

자신의 삶을 솔직하게 돌아보고 당신이 주의 산만함을 얼마나 즐기고 있는지 스스로에게 물어보라. 얼마나 자주 몽상에 빠지거나, 백일몽 속을 떠다니거나, 환상에 휩쓸려가도록 스스로를 내버려두는가?

마음 챙김(맑게 깨어 있음) 명상 수련은 이러한 방해 공작을 중단시킨다. 자, 그럼, 이 연습의 두 번째 파트를 해보자. 지금 이 순간으로 돌아오려고 계속해서 노력하는 것이 얼마나 짜증나는 일인가? 매 순간 온전히 깨어 있기 위한 이 맑게 깨어 있기 수련이 당신에게는 어떻게 느껴지는가?

몽상이나 백일몽, 공상 자체가 나쁘다는 의미는 아니다. 다만 무의식적인 습관을 의식적인 알아차림의 빛 속으로 가져오려는 것일 뿐이다. 이것도 또 하나의 '일거양득' 수련이다. 마음 챙김 명상은 우리가 '맑게 깨어 있지 않기'를 왜 그렇게 잘하는지, 그리고 맑게 깨어 있는 상태가 되기 위해서 무엇을 해야 하는지를 동시에 보여주기 때문이다. 습관을 바꾼다는 건 어려운 일이다. 하지만 무엇을 바꿔야 할지조차 모른다면 이는 아예 불가능하다.

습관의 영향력에 대한 근본적인 해결책은 먼저 습관이 지닌 엄청난 힘을 이해하고 이를 바꾸는 데 필요한 인내심을 기르는 것이다. 스스로 알든 모르든 간에 당신은 살면서 대부분의 시간을 '맑게 깨어 있지 않음' 수련을 하는 데 써왔다. 심지어 돈까지 내면서! 그러니 본인을 너무 닦달하지 마라. 습관의 힘에, 그리고 맑게 깨어 있지 않음에 자신이 얼마나 능숙한지에 감탄하라. '맑게 깨어 있지 않음'이라는 눈덩이를 이만큼 키우는 데도 오랜 시간이 걸렸다. 그러니 그것을 모두 녹이는 데에도 시간이 걸릴 것이다. 자각몽의 달인들 대부분은 절대 포기하지 않는다. 그래서 거기까지 나아간 것이다. 그러니 내 말을 믿기 바란다. 당신도 분명 그렇게 될 수 있다.

11. 구체적인 장애물과 그 해결책

일반적인 장애물에 대해서는 앞에서 이야기를 나누었으니, 이제 좀 더 구체적인 장애물을 살펴보자. 이것들은 대개 의식이 잘 되므로 다루기가 더 쉽다. 맑게 깨어 있음으로 가는 길에 들어선 사람들은 보통 세 가지 단계를 거친다. 이러한 단계가 항상 순차적으로 진행되는 것은 아니며, 모든 사람이 이 세 가지를 다 경험하는 것도 아니다. 이 세 단계를 왔다 갔다 할 수도 있고, 한두 단계만 경험할 수도 있으며, 단시간에 세 단계를 모두 경험할 수도 있다. 어쨌든 대부분의 사람들은 조만간 대략 다음과 같은 경험을 하게 될 것이다.

첫 번째는 열광manic 단계이다. 조사를 하고, 책을 찾아 읽고, 어쩌면 처음으로 자각몽을 꾸었을지도 모른다. 자각몽을 향한 열의가 불타올라 아무리 책을 읽고 조사를 해도 질리지 않는다. 이 상태는 몇 달 또는 몇 년, 심지어는 평생 지속될 수도 있다. 이 단계를 경험해 본 적이 있는가? 있다면 무엇이 당신을 열광시켰는가? 하지 못했다면, 이런 열정을 경험하기 위해 어떤 일이 일어나야 한다고 생각하는가?

_____

_____

_____

대부분의 노력이 그렇듯, 마니아적 열기가 사그라들고 당신은 두 번째 단계로 접어든다. 이는 '갈등conflicted' 단계로, 스멀스멀 의심이 올라오고 퇴행적 습관의 무게가 짓눌러오는 시기이다. 시간 낭비라는 친구들의 말이 맞을지도 모른다. 어쩌면 '넌 이거 못해'라고 말하는 내면의 목소리가 틀린 게 아닐지도 모른다. 여전히 열정이 되살아나는 순간들이 있지만, 갈등 단계에서는 열정과 의심이 번갈아 나타난다. 이런 경험을 해본 적이 있다면, 어떤 느낌이었는지 적어본다.

_____

_____

_____

갈등 단계에서는 정체성의 스펙트럼을 이해하는 것이 도움이 된다. 이 단계에서는 정체성의 구성 요소들 사이에 이해 관계의 충돌이 발생한다. 의식과 무의식의 힘이 조화를 이루지 못해 둘 사이의 갈등이 고개를 드는 것이다. 이때 기존의 습관에 굴복한다면, 결국에는 중도 하차하게 될 것이다.

세 번째는 '성숙mature' 국면이다. 어느 정도 성공을 맛볼 만큼 오래 버텨왔기에, 당신은 맑게 깨어 있기 위해 무엇이 요구되는지 잘 알고 있다. 자각몽 수련이 단거리 경주가 아니라 마라톤에 가깝다는 사실도 깨닫는다. 이러한 성숙함 덕분에 느긋해질 수 있다. 이제 당신은 '너무 팽팽하지도 너무 느슨하지도' 않게 균형이 잘 잡혀 있다. 또한 자각몽이 순차적이지 않다는 사실도 안다. 전진했다 후퇴했다 하면서 서서히 밀려들어 오는 밀물처럼, 맑게 깨어 있음의 여정도 그렇게 밀물과 썰물이 반복되는 과정을 거친다.

자각몽을 꾸는 것은 고사하고 꿈을 기억조차 할 수 없는 '가뭄'을 겪는 때도 있을 수 있다. 하지만 당신은 맑게 깨어 있음이 커다란 통에 찬물을 넣고 끓이는 것과 같다는 걸 기억해 내고, 그래서 아무 일도 일어나지 않는 것처럼 보이더라도 계속해서 수련에 에너지를 투입한다. 겉으로 보이는 것 너머에서 물이 데워지고 있음을 알기에 변함없이 노력을 기울이는 것이다.

이 설명에 공감이 가는가? 자각몽의 '사막'에 들어선 것 같거나 폭등과 폭락을 반복하는 주식 시장처럼 기복이 심한 시기에 접어든 것 같다면, 아래의 빈 줄을 활용해 답답함을 토로해 보라. 그리고 시간과 노력이 많이 드는 이 작업을 계속해 갈 수 있도록 스스로에게 지지와 격려의 말을 건네보라.

☾ 좌절감 다루기

좌절감은 자각몽 꾸기의 가장 큰 장애물 가운데 하나이다. '너무 어렵다, 너무 미묘하다, 너무 고차원적이다, 방해 요소가 너무 많다, 시간이 없다, 나랑 맞지 않는다, 도저히 못하겠다, 고생할 가치가 없다' 등등 좌절의 이유는 수도 없이 많다. 좋은 소식은 그만둘 이유만큼이나 해결책도 많다는 것이다. 당신은 어떤 때에 좌절감이 드는가? 지금 낙담에 빠져 있는가? 자각몽을 영 못 꿀 것 같은가? 왜 그렇게 느끼는가?

_____

_____

_____

첫 번째 해결책은 자각몽을 꾸기까지 오랜 시간이 걸리는 이유들을 모두 이해하는 것이다. 그래서 우리가 장애물을 다루는 문제에 많은 시간을 할애하는 것이다. 그런 다음 발전의 원동력이 되는 인내심, 각오, 유머 감각을 기른다.

두 번째 해결책은 작은 성공을 축하해 주는 것이다. 더 많은 꿈들이 기억난다고? 훌륭하다! 꿈을 더 선명하게, 더 자주 꾼다고? 브라보! 자각몽을 짧게 꾸거나 살짝 맛보았다고? 굉장하다! 언제나 그렇듯이 꿈 일기를 적는 것은, 마치 부모가 아이의 키가 얼마나 자랐는지 보려고 문틀에 금을 그어놓는 것처럼 당신의 발전 과정을 추적하는 데 도움이 된다. 당신은 이런 일에 어느 정도 성공을 거두고 있는가? 이 책의 빈 줄들에 써놓은 자신의 글을 다시 읽어보고 자신이 얼마나 발전

했는지 간략하게 기록해 둔다.

기대는 중요하지만 기대치를 너무 높게 잡지는 않도록 한다. 즉각적인 결과를 기대하면 만족할 수 없을 것이다.

세 번째 해결책은 실패에서 배우는 것이다. 자각몽의 세계에서 장애물은 장애물의 얼굴을 한 기회이다. 성취하지 못한 부분들은 당신의 맹점이 무엇이고 어디에서 막혀 있는지 잘 보여줄 것이다. 자각몽의 많은 단계들에서 계속 헤매고 있다면, 이런 실패한 시도들은 내가 어디에 노력을 쏟아야 하는지, 내 무의식적 습관이 여전히 지배하는 곳이 어디인지를 정확하게 보여준다. 이런 실패들은 성공으로 가는 길을 알려주는 배움의 순간들이다.

자각몽 꾸기에서 가장 어려운 부분은 어디인가? 그것들을 하나하나 적어보고, 다른 사람들도 다 그런 어려움을 겪는다는 사실을 깨닫자.

다양한 난이도의 문제들을 쪼개어 '분할 후 정복'해 가는 접근법을 사용한다. 많은 문제들을 한 덩어리로 뭉쳐놓으면 사기가 꺾이기 쉽

다. 맑게 깨어 있지 않음은 우리를 어둠 속에 가두어두려는 수많은 요소들이 공모하여 조직적으로 발생하는 것이다. 맑게 깨어 있음 역시 조직적으로 이루어진다. 개별적인 요인들을 찾아내면 그것들을 하나씩 해결할 수 있고, 그것들이 쌓여서 마침내 많은 성공을 거두며 사기가 진작될 것이다.

네 번째 해결책은 자각몽을 진지하게 여기되 '너무' 진지하게는 여기지 않는 것이다. 노력이 지나치면 스스로를 옥죌 수 있다. 마치 게임을 대하는 것처럼 자각몽을 재미난 놀이로 바라보는 것이 자각몽 꾸기에 도움이 된다. 그러니 긴장을 풀고 가볍게 대하라. 즐겨라. 잠시 쉬는 것을 겁내지 마라. 자각몽을 꾸지 못해 스트레스를 받는 '너무 팽팽한' 상황이라면, 그 긴장을 풀고 압박감을 완화할 수 있는 방법에는 어떤 것들이 있을까?

자각몽과 꿈 요가를 자신의 '성장의 척도'로 삼는 것은 몰라도, 그 성공이나 실패를 남과 비교하는 잣대로 사용해서는 안 된다. 우리는 모두 다르다. 저마다 자기만의 장점이 있고 단점이 있다. 자신과 남을 비교하지 말자. 자신의 고유성을 신뢰하고, 내면의 지혜를 은신처로 삼자. 남들이 당신을 고양시키게 하는 것은 괜찮지만 그들이 당신을 무너뜨리게 해서는 안 된다.

☾ 지나친 흥분

처음으로 자각몽을 꾸면 너무 신이 난 나머지 잠에서 깨는 경우가 많다. 이 문제의 해결책은 감정을 다스리는 것이다. 자각몽의 세계에서는 감성보다는 이성을 사용해야 한다. 꿈 속에서 맑게 깨어 있다는 것을 알아차리면, 당신 꿈의 아래쪽 지면이나 바닥을 내려다보고 나서 꿈으로 돌아간다. 꿈 속에서 감각을 느끼면 뇌가 깬 의식 상태로 바뀌는 것을 막을 수 있다. 유용한 팁은 꿈 속에서 양 손을 비비는 것이다. 지금 바로 해보고 감을 익혀보라.

맑게 깨어 있기의 초입은 꿈의 목표, 즉 오늘밤 이루고 싶은 것을 상기하기에 좋은 때이다. 오늘밤 자각몽 속에서 하고 싶은 것들(날아다니기, 로맨틱한 만남 등)을 적어보고 거기에 강한 의도를 불어넣는다.

아래 연습은 "감성보다 이성을 사용한다"는 원칙을 연습하는 것으로, 맑게 깨어 있음의 원칙을 일상 생활 속에도 적용하기 위한 것이다.

연습	감정 상태에 깨어 있기

낮 동안 어떤 감정에 휩싸여 있는 자신을 보게 되거든 '깨어나서' 그

감정을 다스리려고 노력해 본다. 당신을 감정 속으로 빨아들이는 습관의 힘이 얼마나 센지, 맑게 깨어 있지 않을 때 감정에 휘말리기가 얼마나 쉬운지 알아차려 본다. 그런 다음 심호흡을 하거나 다른 의도적인 행동을 취해, 지금 일어나고 있는 일에 지나치게 매몰되지 않도록 한다. 한 걸음 뒤로 물러서는 것이다. 그러고 나서 얼마나 성공적이었는지 아래 빈 줄에 적는다. 감정에 휩쓸렸는가? 아니면 흔들림 없이 '자리를 지키고' 있을 수 있었는가?

_____

_____

_____

_____

이는 감정을 없애거나 감정으로부터 분리되라는 말이 아니라 감정과의 관계를 조절할 수 있어야 한다는 말이다. 꿈 통제는 본질적으로 자기 통제이고, 이 자기 통제는 낮 동안에 수련할 수 있다.

매일 이 맑게 깨어 있음을 수련할 수 있는 것이 자각몽이 주는 가장 실질적인 이득 중 하나이다. 감정 상태에 '깨어 있는' 것은 꿈 속에서 깨어나는 데 도움을 줄 뿐 아니라, 감정적으로 고조된 상황에서 자신의 마음에 더욱 맑게 깨어 있게 도움으로써 수많은 곤경을 겪지 않도록 막아준다.

지금 당신은 나중에 후회할 말을 뱉기 직전인가? 아니면 나중에 사과해야 할 짓을 저지르기 직전인가? 깨어나서, 자신의 생각과 느낌을 다스린다. 매일의 맑게 깨어 있기 수련 덕분에 곤경에서 벗어난 사례가 있으면 여기에 적는다.

이러한 사례들을 계속 기록해서 그 목록이 길어질수록 행복감도 커지는지 살펴본다.

☾ 꿈 연장하기

어느 정도 수련이 되면 언제 자각몽이 끝나기 시작하는지wind up(속요가의 관점에서 보면, 문자 그대로 미묘한 바람이 불어오므로) 알 수 있을 것이다. 보통은 보이는 것들이 바뀌기 시작한다. 이미지가 희미해지고 장면이 분리되거나 만화처럼 보이는 등 영화가 토막이 난다. 자각몽의 지속 시간은 꿈꾸는 의식과 깨어 있는 의식 사이에서 균형을 잡는 능력에 달려 있다. 여기서도 중요한 것은 두 상태 사이에서 줄타기하는 것처럼 '중도'를 타는 것이다. 꿈꾸는 의식이 지나치게 커지면 줄에서 떨어져 꿈을 자각하지 못하게 되고, 깨어 있는 의식이 지나치게 커지면 꿈에서 깨버리고 만다.

지나치게 느슨해져 꿈의 내용에 빨려 들어가 맑게 깨어 있지 못할 때는 스스로에게 이건 꿈이라고 상기시킨다. 그러곤 다시 정신을 차리고 줄을 탄다. 꿈에서 약간 물러나, 지금 펼쳐지고 있는 내용들에서 거리를 둔다. 공중을 날거나 물 속에서 숨 쉬는 것 같은, 깨어서는 할 수 없는 동작들을 취함으로써 당신이 지금 꿈꾸고 있음을 계속 확인한다. 엉뚱한 행동을 취하는 것은 꿈 신호를 집어넣는 것과 같다. 사건이나 활동을 만들어 자신이 꿈꾸고 있음을 계속 상기시키는 것이다.

맑게 깨어 있지 않은 상태가 되는 것(꿈 속에서 너무 느슨해져 있는 것)은 백일몽이나 공상 속으로 빠져드는 것과 같다. 생각들에 너무 몰입되어 있는 것이다. 재미있는 영화가 당신을 줄거리에 빠져들게 만들 때처럼, 당신을 빨아들이는 것은 대개 움직임이다. 움직임이 빠를수록 우리는 더 쉽게 그 속으로 빠져든다. 액션 영화가 느린 템포의 예술 영화보다 우리를 더 빨리 빨아들인다.

| 연습 | 잘 알아차리기 |

다음에 망상이나 공상에 빠져드는 당신이 보이거든 그 순간 자신이 맑게 깨어 있지 않음을 알아차리고 한 발짝 뒤로 물러난다. 그리고 정신을 차린다. 움직임의 유혹은 명상 중에도 일어나며, 그럴 때는 작은 생각 하나가 당신을 맑게 깨어 있지 않은 상태로 휩쓸어갈 수 있다. 명상 중에는 명상 자세를 꼿꼿이 유지하는 방식으로 움직임의 유혹에 대응한다. 알아차림 연습도 이와 비슷하게 자신을 목격자의 위치에 '두어', 마음의 움직임에 빨려 들어가곤 하는 자신의 습관을 알아차리고 거기에서 빠져나오기 위한 것이다.

이는 앞에서 말한 감정 연습의 고급 버전이다. 이제 우리가 구별해야 할 것은 감정뿐 아니라 생각 자체의 미묘한 움직임이다. 이런 일이 오늘 얼마나 자주 일어났는지, 당신이 자신을 붙잡아 다시 맑게 깨어나기까지 무의식적으로 얼마나 오래 '영화' 속에 빠져 있었는지 적어본다.

자각몽을 꾸다가 너무 팽팽해져 꿈 속 장면에서 너무 멀리 물러나거나 금방 깰 것 같으면 꿈 속으로 다시 한 걸음 들어간다. 꿈의 내용으로 돌아가서 꿈이 얼른 당신을 붙잡게 한다. 꿈 속의 손을 비비거나 팔을 바람개비처럼 돌려보면 꿈에 다시 들어가 머무를 수 있을 것이다.

여기에서 매일 수련할 것은 격한 감정 속으로 돌아가 그 감정이 당신의 알아차림에 어떤 영향을 미치는지 살펴보는 것이다. 깨어 있지 않을 때 얼마나 빨리 격한 상태에 빠지는가? 목표는 감정 속으로 돌아가되 조금이라도 맑게 깨어 있음을 유지하는 것이다. 깨어 있음을 유지하겠다는 의도를 가지고 감정 속으로 되돌아간 경험을 자세히 설명해 보라.

자각몽을 꾸면서 벌어지는 일이 마음에 들지 않거나 장면을 바꾸고 싶다면 몇 가지 방법이 있다.

• 맑게 깨어 있기가 강력하면 꿈을 통제할 수 있으며 원하는 대로 장면을 바꿀 수 있다.

• 빙빙 돌며 춤을 추는 수피승처럼 꿈 속에서 빙빙 돌다가 멈출 때 자신이 어디에 있는지 보거나(거의 대부분은 멈출 때마다 장면이 달라진다), 빙빙 돌면서 자신에게 "돌다가 멈추면 다른 장면에 가 있을 것"이라고 말해둔다. 이 기법은 자각몽이 희미해지기 시작할 때 꿈을 연장시키는 데도 효과가 있다. 팔을 바람개비처럼 돌리거나 손을 비비는 것과 유사한 방법이다.

• 자각몽을 멈추려면 꿈 장면의 한 지점에 집중하거나 꿈 속에서 눈을 감는다. 꿈 속에서 눈을 움직이지 않는 상태로 가만있으면 실제 눈도 가만있는 상태가 되는데, 이것이 렘 수면(이 상태에서 대부분의 꿈이 발생한다)을 특징짓는 빠른 안구 운동을 종료시켜 당신을 꿈 밖으로 내쫓는다.

• 꿈 속에서 눈을 감으면 자각몽이 멈추는 경우도 있다. 다음에 자각몽을 꾸면 재미삼아 눈을 감아보고 무슨 일이 일어나는지 보라. 그렇게 해서 경험한 바가 있으면 아래에 적는다.

_____

_____

연습 | 장면을 상상하기

상상력을 동원하여 어떤 장면을 떠올려본다. 예컨대 당신이 캄캄한 지하 감옥이나 우물 바닥에 있다고 상상한다. 두 가지 감각을 사용해 그 장면에 빠져본다. 미끌미끌한 점액질을 느끼고, 퀴퀴한 곰팡이 냄새를 맡는다. 그 장면에 흠뻑 빠져본다.

그러고는 휙 장면을 바꿔 우물 위에 앉거나 지하 감옥이 있는 성채 밖으로 나온다. 이렇게 마음으로 장면을 바꾸는 것이 낮에는 상대적으로 쉽지만 밤에는 훨씬 어려워진다. 하지만 지금 연습하면 밤에 훨씬 수월하게 할 수 있다. 당신에게 이것이 쉬운가? 아니면 어려운가? 시각화한 것을 계속 유지할 수 있는가? 아니면 쉽게 정신이 산만해지는가?

꿈이 끝나고 잠에서 깨어났을 때 침대에서 몸을 뒤척이거나 움직이지 않도록 한다. 움직이면 각성 상태가 되기 쉽다. 그 대신에,

1. 움직이지 말고 가만히 누워서 다시 꿈 속으로 빠져 들어간다.

2. 방금 떠난 꿈 속 몸의 손을 비비거나 돌리고 있다고 상상한다.

3. 곧 다시 꿈을 꾸게 될 것이고 그 꿈은 (MILD 기법의) 자각몽이 될 것이라는 확고한 의지를 더한다.(그러지 않으면 꿈 속으로 다시 들어가더라도 그것이 꿈임을 자각하지 못할 수 있다.) 다시 들어간 자각몽이 길게 지속되지 않을 수도 있지만, 그렇다고 해서 자각몽으로서 유효성이 떨어지는 것은 아니다.

4. 다음날 아침, 주의를 다시 꿈으로 돌려 간밤 꿈의 자취를 모아본다. 그런 뒤 경험한 내용을 아래에 적는다.

_____

_____

_____

_____

_____

주의를 내면으로 돌리는 것은 잠에서 완전히 깨기 전 비몽사몽 상태를 가지고 놀면서 깨어 있는 의식과 꿈꾸는 의식을 왔다 갔다 해보는 한 가지 방법이다. 이것은 또한 WILD 기법을 활용하는 또 다른 방

법이기도 하다.

이 마지막 두 장章의 팁과 요령으로 무장하면 어떤 장애물도 다룰 수 있을 것이다. 일단 맑게 깨어 있음의 팽팽한 줄 위에 발을 들이고, 지나친 팽팽함과 지나친 느슨함 사이의 균형에 대해 감을 잡고 나면 어느 장애물을 만나도 '줄타기'를 해낼 수 있다. 또한 이런 유형의 균형이 좋은 명상을 이끌어낸다는 사실도 발견할 것이다. 명상할 때 너무 느슨하면 마음이 흐트러져 졸거나 끝없는 생각에 빠져들게 된다. 반대로 너무 팽팽하면 안장을 너무 꽉 죄어놓은 말처럼 마음이 미쳐 날뛸 것이다. 다시 한 번 말하지만 명상을 잘해야 맑게 깨어 있음도 잘된다.

12. 자각몽 꾸기의 단계

2부에 소개된 기법들을 모두 동원하면 조만간 당신도 자각몽을 꾸기 시작할 것이다. 단지 시간 문제일 뿐이다. 그 다음으로 떠오르는 질문은 당연히 "이제 무엇을 할 것인가?"이다. 이 특별한 꿈으로 무엇을 해야 할까? 그건 당신한테 달렸다. 얘기를 계속하기 전에 당신이 바라고 염원하는 바를 적어보라. 자각몽 꾸기를 떠올릴 때 진정으로 이루고 싶은 것은 무엇인가? 그것을 적어두면 당신의 열망이 어떻게 발전해 가는지 파악하는 기준으로 삼을 수 있을 것이다.

자각몽을 꾸는 많은 사람들이 처음엔 재미로 시작했다가 차츰 더 깊은 심리학적 또는 영적 작업으로 나아간다. 이 발전 과정은 한 차례

의 자각몽 안에서도 나타나는데, 자각몽 시작 단계에서는 재미있게 즐기다가 나중에는 더 고급 단계로 넘어가는 것과 유사하다. 수영장 끝 쪽의 얕은 물에서 이리저리 돌아다니며 놀아보라. 그런 다음 때가 됐다 싶으면 과감히 더 깊은 쪽으로 들어가 더 어려운 모험들 속으로 뛰어들어 보라.

자각몽을 매일 밤 즐기는 오락물 정도로 활용하는 수준에 머무르는 사람들도 있을 것이다. 어느 과정이든 다 좋다. 꿈에서 무엇을 하는지는 꿈이 얼마나 선명하고 안정적인지, 얼마나 오래 지속되는지에 따라서도 달라진다. 처음에는 자각몽을 아주 잠깐 일별할 뿐 뭔가 크게 할 수는 없을지도 모른다. 하지만 그것만으로도 놀라운 일이고 커다란 첫걸음이다. 인내심과 끈기를 가지고 노력하면 꿈이 '진짜가 되고' 차츰 더 안정되고 길어지고 선명해지면서 더 많은 것을 할 수 있게 될 것이다.

날마다 명상을 계속하는 것이야말로 이 안정성과 지속성과 선명성을 키우는 가장 좋은 길이다. 꿈이란 결국 마음으로 만드는 것이기 때문이다. 매일 밤 당신이 뛰어들 수 있도록 미리 설정된 꿈 풍경 같은 것은 없다. 그저 감각의 제약이 없는 상태에서 자신을 표현하는 당신의 마음이 있을 뿐이다.

연습	명상 가운데 맑게 깨어 있기

여기에 당신이 하는 명상에 대해 자세히 적어본다. 당신은 얼마나

안정되고 선명하게 또 얼마나 오래 명상을 하는가? 잡다한 생각 속에서 쉽게 그리고 자주 길을 잃는가? 맑게 깨어 있는 상태가 차츰 길어지는 경험을 하고 있는가? 아니면 그 둘 사이의 어디쯤에 있는가?

누구나 불안정하고 몽롱하고 흐트러지기 쉬운 상태로 명상을 시작한다. 괜찮다. 지금 있는 자리에서 시작하면 된다. 앞으로 몇 주 동안 규칙적인 명상 습관을 확립해 감에 따라 명상이 어떻게 달라지는지 아래에 기록한다.

명상을 하면 할수록 꿈과 관련해 뭔가 달라지는 점이 보이는가? 명상이 깊어짐에 따라 꿈도 변화하는가?

_____

_____

_____

언제부터 자각몽을 꾸게 될지 계측할 수 있는 지표가 없는 것처럼, 명상에서 언제 안정성과 지속성, 선명성이 꽃피게 될지 계측할 수 있는 지표도 없다. 발전은 대개 느린 속도로 일어난다. 대부분의 사람들이 갑자기 명상에 전념하거나 맑게 깨어 있는 데 삶을 바치지는 않기 때문이다. 일기를 적는 것이 그래서 유용하다. 시작점에서의 기록이 있으면 나중에 얼마나 발전했는지 알 수 있기 때문이다.

☾ 자각몽의 열쇠, 의도

당신은 자각몽 활동들을 통해 상황을 리허설해 볼 수도, 인간 관계에서 생기는 문제들을 다뤄볼 수도 있고, 운동 실력이나 명상 실력을 향상시킬 수도 있으며, 심지어 죽음을 준비할 수도 있다. 가능한 이 모든 것들 가운데 무엇이 당신 마음을 끄는가? 어떤 것을 할 수 있으면 좋겠는가? 지금이 바로 목표를 설정할 때이다.

_____

_____

어떤 활동을 하든지 핵심은 의도에 있다. 먼저 꿈 속에서 깨어나겠다는 첫 의도를 세운 다음, 두 번째로 꿈에 맑게 깨어서 공중을 날거나 로맨틱한 만남을 경험하거나 피아노를 연주하겠다는 의도를 세운다. 이 두 번째(수련의 단계에서든 지시의 순서에서든 모두 두 번째라는 의미이다) 의도는 야간 모험을 위한 씨앗을 심어준다. 일단 꿈 속에서 맑게 깨어 있는 상태가 되면, 무엇을 하고 싶은지 자각몽 초입에 다시 의도를 세운다. '우와, 꿈 속에서 깨어났어! 근데 이제 뭘 하지? 아, 그래, 오늘은 꿈 속에서 피아노 연습을 하려고 했었지!' 그러고는 피아노 건반 앞으로 간다. 맑게 깨어 있음 상태에 도달한 뒤, 당신이 무엇을 하려고 했는지 기억하면 '미래 기억'이 다시 한 번 작동한다.

이 전체 여정을 받쳐주는 것은 믿음의 힘이다. 뼛속 깊이 믿어라. 오늘밤 맑게 깨어 있을 수 있고 맑게 깨어 있을 것이라고. 당신의 의도를 이룰 수 있다고 온 마음으로 믿어라.

| 연습 | 의도 선언하기 |

1. "오늘밤 반드시, 꼭 꿈 속에서 깨어 있겠다"라고 의도를 세운다

2. 1분 정도 쉬었다가, 진심을 꾹꾹 눌러 담아 위의 만트라를 반복해서 읽는다.

3. 아래에 "나는 꿈에서 날아다닐 수 있도록 맑게 깨어 있을 거야"라고 적는다.(날아다니는 것이 마음에 들지 않으면 다른 걸 써도 된다.)

4. 더 많은 것을 요구하되 구체적으로 묘사한다. 당신을 설레게 하는 것은 뭐든지 적으며 당신의 열정을 종이에 옮겨 담는다. 예를 들면

이렇게 쓴다. "오늘밤 나는 맑게 깨어서 구름 사이로 날아다니며 전투기 조종사처럼 땅으로 곤두박질하다가 하늘로 솟아오를 것이다!" 진심을 담아 구름 사이로 날아다니는 자신의 모습을 그려본다.

_____

_____

_____

_____

_____

☾ '자각몽을 위한 수면' 복습하기

꿈을 길게 꿀 때 자각몽이 주는 이득이 가장 크기는 하지만, 자각몽 수련자라면 잠드는 과정에서도 탐색할 수 있는 것이 많다. 긴 자각몽을 꾸겠다는 포부를 갖는 것도 좋지만, 천릿길도 한 걸음부터라는 점을 늘 명심하자. 길게 이어지는 자각몽은 책의 한 장章을 전부 읽는 것과 같다. 그러나 당신은 문장 하나, 심지어는 적절하게 배치된 단어 하나에서도 깊은 통찰을 끌어낼 수 있다. 숙련된 사람들도 날마다 웅장한 자각몽을 꾸지 못할 수 있다. 하지만 그들은 잠이 막 들려 하거나 깨려고 할 때의 비몽사몽 상태에서 꿈들을 가지고 매일 밤 수련한다. 이 '경계선 꿈들'로 하는 작업은 전체 수면과 꿈 경험 속에 더 선명한 알아차림의 감각을 불어넣어 준다.

밤에 잠들 때나 아침에 깨어날 때 더 주의를 기울여보라. 잠들 때 연꽃 시각화를 하면 경계선 꿈꾸기에 도움이 된다. 조는 동안 마음을 더 잘 관찰할 수 있도록 새로운 배경을 제공해 주기 때문이다. 연꽃 시각화는 매일 몸과 호흡을 알아차리는 명상 기법과 유사하다. 이 명상법 역시 마음에서 일어나는 일을 더 잘 관찰할 수 있도록 새로운 배경을 제공해 준다. 대조가 없다면 생각을 들여다보기가 더 어렵다. 지각은 언제나 대조 속에서 이루어진다. 당신이 지금 검은 글씨들을 보고 읽을 수 있는 건 흰 종이라는 배경이 있기 때문이다. 명상 기법들은 마치 조영제造影劑처럼 감도를 배가시켜 우리 마음속의 것들을 더 선명하게 관찰할 수 있게 해준다.

연습	경계선 상태 탐색하기

잠에 막 들 때와 잠에서 깨어날 때 알아차린 것을 (그 도중이 아니라 나중에) 기록한다. 호기심을 가져라. 잠 속으로 미끄러져 들어가는 동안 생각과 생각 사이의 틈이 보이기 시작하는가? 당신은 그 틈새를 들락날락하고 있는가? 관찰한 바를 적는다.

_____

_____

_____

_____

_____

잠에 빠질 때 방향성을 잡도록 돕기 위해 연구자들은 선잠 상태(입면 상태)의 네 가지 단계에 대해 설명한다. 빛과 색깔의 섬광을 경험함, 얼굴과 자연의 장면들이 떠다님, 생각과 이미지가 합쳐짐, 그리고 선잠 상태에서의 토막 꿈들 또는 아주 짧은 꿈들이 그것이다. 당신은 잠들면서 이런 것들을 경험하는가? 그렇지 않다면 당신은 어떤 경험을 하는지 적는다.

원한다면 이 네 단계를 연꽃 시각화에 나오는 네 개의 꽃잎에 매치시켜도 된다. 그러나 이러한 연상 작업이 당신에게 별 효과가 없다면 억지로 매달리지는 마라.

잠에 빠지는 동안 맑게 깨어 있으면 생각이 꿈으로 변하는 것을 지켜볼 수 있다. 대개 그런 꿈들은 너무 짧아서 많은 것을 해보기는 어렵지만, 그냥 관찰하는 것만으로도 성공적인 '경계선 꿈꾸기'나 '맑게 깨어 있으면서 잠들기'의 한 형태가 된다. 생각의 말풍선들이 이미지로 바뀌고 이미지가 다시 꿈으로 바뀌는 모습을 보고 있으면 눈을 뗄 수 없을 만큼 환상적이다. '생각-이미지-꿈'이 증발함에 따라 말풍선도 급속히 터져버리지만, 곧바로 또 다른 생각이 일어나 이미지와 꿈으로 이어지고, 이 과정이 되풀이된다. 앞에서 언급한 "생각이 낮의 깨어 있는 의식에 해당하듯이 꿈은 밤의 꿈꾸는 의식에 해당한다"는 말을 기억하자. 생각이 이미지로, 그 이미지가 꿈으로 변형되어 가는 과정을 관찰하는 것은 깨어 있는 의식 상태가 꿈꾸는 의식 상태로 변형되어 가는 과정의 족적을 따라가는 것이다. 이는 미묘한 형태의 WILD 기법이다. 달리 말해 이 추적 과정이 곧 깨어 있는 상태로 자각 몽에 들어가는, 일종의 씨앗 심기이다.

당신은 이 진행 과정을 맑게 깨어 있는 관찰자로서 아무것도 하지 않고 지켜봐도 되고, 깨어 있음을 유지한 상태에서 한 가지 생각에 가볍게 매달려 이 영화를 연출해도 된다. 그런 뒤 아주 정교한 의도를 가지고 그 생각을 꿈의 지대dream zone(수면의 네 번째 단계)로 안내하여 그것이 '부풀어 올라' 토막꿈이 되는 것을 지켜보라. 이 부풀어 오름을 낳는 것은 내면의 바람inner wind으로, 생각에 바람을 불어넣어 단순한 생각 말풍선을 더 큰 꿈 풍선으로 만든다. 이것은 실로 경이로운 작업이다. 재료(즉 생각—옮긴이)가 떨어질 일이 절대 없기 때문이다! 생각은 탄산 음료 속의 기포처럼 계속 일어나고 당신은 그 생각들이 짧은 자각몽으로 부풀어 오르는 것을 계속 지켜볼 수 있다.

| 연습 | 경계선 꿈 품기 |

이런 식으로 마음을 관찰하는 것은 축소 버전의 '꿈 품기'로 사용할 수도 있다. 달리 말해서 의도적으로 생각을 심으면 그것이 꿈의 지대로 이식되고, 이윽고 꽃을 피워 당신의 의도에 일치하는 짧은 자각몽이 될 수 있다는 것이다. 다음에 잠에 들 때 한번 시도해 보라. 얼룩말(또는 마음을 사로잡는 것은 무엇이든)을 생각하고 졸음이 쏟아

질 때 마음을 모아 그 생각을 살짝 잡고 있는다. 그러고 있다가 어느 시점이 되면 모았던 마음을 풀고 마치 풍선을 하늘로 놓아주듯 그 생각-이미지-꿈을 놓아준다. 그런 뒤 알아차린 것을 아래에 적는다.

연습하면 누구나 이와 같은 정신적 변형을 경험할 수 있다. 처음에 마음이 잠들었다 깼다 하고 맑게 깨어 있다 못하다 하는 동안에는 마치 어둠 속에서 손을 더듬거리는 기분일 것이다. 인내심을 가져라. 지금 당신은 평생 유지해 온 '맑게 깨어 있지 않음'이라는 습관을 거슬러보려고 노력하는 중이다. 그런 다음 경계선 꿈꾸기의 발전 과정을 추적해 볼 수 있도록, 경험한 것을 기록한다.

이러한 연습들은 알아차림 능력을 더욱 높여주므로 자각몽을 잘 꾸기 위한 조건을 만드는 데에도 도움이 된다.

☾ 예시

자각몽을 통해 재미를 볼 수 있는, 또는 앞서 얘기한 이득의 스펙트럼(리허설, 문제 해결, 슬픔 다루기 등)과 관련된 여러 수련을 할 수 있는 무한대에 가까운 기회 외에, 맑게 깨어 있는 상태가 되었을 때 할 수 있는 수련의 예를 아래에 몇 가지 제시한다. 아래의 수련들을 선정한 이유는 비교적 접근하기 쉽고 재미있기 때문이다. 이것들은 또한 어떻게 '실패'가 성공으로 여겨질 수 있는지도 보여준다. 이것들을 수련할 때 잘 안 되는 부분은 당신의 사각 지대가 어디인지 보여주기 때문이다.

장애물은 변장해서 나타난 기회라는 말 그대로, 당신은 꿈에서 할 수 없는 것들을 통해 자신에 대해 많은 것을 배울 수 있다. 이것이 내가 자각몽을 연습하며 절대 낙담하지 않는 이유이다. 어떤 일이 일어나든 나는 항상 나 자신에 대하여 배우면서, 무의식적인 과정을 의식의 빛 안으로 끌어오고, 사각 지대를 이용해 내가 놓치고 있는 것이 무엇인지 알게 된다. 그 자체가 큰 성공이다.

| 연습 | 몇 가지 바꿔보기 |

1. 다음에 자각몽을 꾸면, 꿈에 등장하는 요소들의 모양을 바꿔보겠다고 의도를 세운다. 예를 들어 꿈 속의 코끼리를 자동차로, 꽃을 걸상으로, 집을 무지개로 바꿔보는 것이다.

2. 1번의 변형된 형태로, 꿈 속에 나오는 것들을 더 증식시켜 보는 방법이 있다. 꿈에 손을 앞으로 내밀고 거기에 손가락을 몇 개 더 추가하거나 손목에서 또 다른 손이 튀어나오게 해본다. 혹은 꽃병을 가져다가 두 개로 만들어본다.

3. 깨어나면 경험한 것을 적는다. 바꾸기가 쉬웠나, 어려웠나? 불가능했나? 바뀌는 데 시간이 오래 걸렸나? 다른 것보다 쉽게 바뀌는 것은 무엇인가? 아무것도 바꾸지 못했으면 그 '실패'의 내용을 적는다.

다음은 낮 버전의 바꿔보기 연습이다.

1. 눈을 감고 몇 번 심호흡으로 마음을 가라앉힌다. 그리고 마음속에서 무엇이 떠오르는지 가만히 지켜본다. 아무것도 하지 말고 그냥 펼쳐지는 대로 관찰하기만 한다.
2. 이제 핑크색 코끼리를 상상한다. 마음의 눈으로 핑크색 코끼리를 몸통에서 꼬리까지 쭉 훑어보고 귀도 시각화해 보며 굵은 네 다리도 자세히 살펴본다. 이 작업을 최소한 1분 이상 할 수 있는지 본다.
3. 이제 코끼리 색깔을 핑크색에서 초록색으로 휙 바꿔본다. 반복해서 해본다.
4. 이 연습이 쉬운가, 어려운가? 경험한 내용을 적는다.

---

5. 이제 초록 코끼리를 흰색 점보제트기로 바꾼다. 마음의 눈을 제트기에 두고 앞뒤로 훑어본다. 잘 바뀌었는가?

연습 결과가 선명하고 안정적일수록 이 능력을 꿈 속으로 더 많이 가져갈 수 있다.

왜 이런 수련을 할까? 이런 수련으로 무엇을 얻게 될까? 우선, 꿈이 눈앞에서 다양한 모습으로 변하는 것을 지켜본다는 것이 매혹적이다. 꿈 속에서 얼룩말이 피아노로 바뀌는 것을 보는 건 공상 과학 영화나 비디오 게임에서나 나올 법한 일이다. 이는 마치 해리포터 시리즈에 나오는 마법사가 된 듯한 기분을 느끼게 해준다. 둘째로, 이 수련은 마인드 컨트롤 감각을 키워준다. 본질적으로 꿈을 제어하는 것은 자아를 제어하는 것이고, 자아를 제어하는 것은 마음을 제어하는 것이다. 당신이 당신 마음의 주인이 되고 있는 것이다.

꿈 속에서 얼룩말을 피아노로 변형시킴으로써 당신은 실제로 마음 속 내용물을 변형시키는 법을 배우게 된다. 이런 능력은 일상 생활과 분리된 채 어둠의 이불 속에 묻혀 있지 않다. 양방향성 원리에 따라 꿈을 변형시키는 능력이 일상 생활에서 발휘되기 시작하면서 마음 상태를 바꾸는 데 도움을 준다. 당신이 한창 화가 나서 폭발 직전이라고 하자. 그때 얼룩말을 피아노로 바꾼 기억이 불현듯 마음속에 떠오르며, 분노가 당신이 생각하는 것만큼 그렇게 견고한 것이 아니라는 사실을 깨닫게 해준다. 분노는 본질적으로 꿈과 비슷해서 꿈 속의 얼룩말처럼 변형이 가능하다. 이 수련은 당신이 감정적 동요의 희생양이 될 필요가 없음을 가르쳐준다. 밤에 얼룩말을 피아노로 바꿔본 경험은 어떻게 당신이 낮에 분노를 공감으로, 질투를 평정심으로, 오만을 자비로 바꿀 수 있는지를 보여줄 것이다.

| 연습 | 고통에 대해 깊이 생각해 보기 |

이 연습은 이 책에서 가장 중요한 연습 중 하나이다. 먼저, 이런 질문에 대해 생각해 본다. "당신은 왜 괴로워하는가? 삶을 그토록 힘들게 만드는 것이 무엇인가?" 이 연습 과제의 나머지 부분을 읽기 전에 위 질문에 대해 깊이 생각해 보고 답을 적어본다. 스스로 먼저 자신의 답을 찾아본다면 이제부터 내가 하는 말이 더 잘 와 닿을 것이다.

_____

_____

_____

_____

_____

_____

_____

_____

깊이 생각해 보지 않으면, 어려운 상황들의 수만큼이나 피상적인 답이 많이 나올 것이다. 하지만 깊이 들여다보면 하나의 공통 분모를 발견할 수 있다. 우리가 고통받는 주요 원인은 우리 마음과 현실을 너무 고정된 실재로 여기는 데 있다.

분노가 고통을 일으키는 이유는 우리가 분노를 진짜라고 생각하기 때문이다. 탐욕이 문제를 일으키는 이유는 우리가 탐욕을 너무나 견고하다고 착각하기 때문이다. 욕정이 아픔을 낳는 이유는 우리가 그것을 실재라고 여기기 때문이다. 자각몽은 분노, 탐욕, 욕정 또는 다른 마음 상태가 한바탕 꿈처럼 덧없는 것임을 당신에게 보여줄 수 있다. 분노, 탐욕, 욕정이라고 부르는 에너지들이 나타난다는 사실을 부인하자는 게 아니다. 다만 그렇게 표출된 에너지 상태에 의문을 던지고 그것들의 꿈같은 본성을 드러내려는 것이다. 화가 나 있는 겉모습을 따라가면서 그것이 진짜라고 받아들이면 그런 마음 상태에 맑게 깨어 있지 못하게 된다. 맑게 깨어 있지 않은 꿈 속에서 그러듯이 분노에 정신을 잃고 휩쓸려 들어가 결국 대가를 치르게 된다.

연습의 두 번째 단계로, 다음에 어떤 일 때문에 화가 나거나 속이 상하거나 걱정을 멈출 수 없을 때 그 마음 상태를 가만히 들여다본다. 얼룩말을 피아노로 바꾸려 할 때와 똑같은 방식으로 그것을 들여다본다. 잠시 멈추고 분노를 똑바로 바라보자 어떤 일이 일어나는가? 뭔가가 바뀌었는가? 단지 바라보는 행위만으로 그 생각이나 감정과의 관계가 달라지는가? 경험한 바를 적는다.

설령 얼룩말이나 분노를 바꿔놓지는 못했더라도 당신은 그것을 꿰뚫어보기 시작했다. 이렇게 굳어진 마음 상태에 휩쓸리는 대신 멈추어서 그것들을 바라보는 것 자체가 맑게 깨어 있기 수련이다.

이건 쉬운 연습은 아니다. 습관의 위력이 워낙 막강하기 때문이다. 분노에 굴복해 이성을 잃는 것이 우리의 기본 세팅 값이다. "그 여자, 정말 이성을 잃었어" 또는 "그 남자, 완전 제정신이 아니라니까"처럼 우리가 흔히 쓰는 말투에서도 이를 알 수 있다. 우리가 맑게 깨어 있지 않은 꿈 속에서 넋을 잃고 휩쓸려 갈 때도 이와 똑같은 일이 일어난다. 요점은, 자기가 마음속의 내용물이 견고하다고 여기면 여길수록 그만큼 더 큰 고통을 겪게 된다는 것이다. 자기 마음속의 내용물에 '어둡거나' 맑게 깨어 있지 않은 것은 정신병의 한 증표이다. 이 '어두운' 마음속에서 일어나는 모든 것은 너무나 견고하고, 무겁고, 또 고통스러울 정도로 실제적이다. 이 스펙트럼의 반대쪽 끝에 있는, 마음속의 내용물에 대해 '훤히' 알고 있거나 완전히 맑게 깨어 있는 상태는 깨달음의 증표 중 하나이다. 그 '환한' 마음속에서 일어나는 모든 것은 가볍고, 쉽고, 또한 자유롭다. 마음속 내용물은 같지만 그것과 맺고 있는 관계는 완전히 다르다.

☾ 눈에 보이는 것을 통과하기

우리 대부분은 들짐승에서 붓다, 정신이상자에서 신비가에 이르는 스펙트럼 위의 어느 지점인가에 살고 있다. 이 스펙트럼은 우리가 자기 경험의 내용물을 자신과 동일시하고 고착화하는 정도에 따라 다르게 만들어진다.

연습   **보이는 것 통과하기**

다음에 자각몽을 꾸거든 꿈에 보이는 것들을 뚫고 지나가 보라. 예를 들어 집 안에 있다면, 벽에다 손을 넣어보거나 걸어서 벽을 통과해 본다. 개방된 공간에 있다면 땅을 통과해 아래로 떨어져본다. 기둥이나 테이블 같은 다른 물체가 있다면 그 속으로 손을 넣어 관통할 수 있는지 시험해 본다. 깨어난 뒤에 경험한 바를 적는다. 벽에 쾅하고 부딪쳤는가? 그것을 완전히 통과할 수 있었는가? 통과했다면, 바로 통과했는가? 아니면 얼마쯤 시간이 걸렸는가? 쉬웠는가? 어려웠는가? 아니면 아예 불가능했는가?

_____

_____

_____

_____

_____

_____

처음에는 이 연습이 잘 안 되는 사람들도 있다. 그러나 실패는 모르던 것을 드러나게 해주며, 그런 점에서 또 다른 성공이다. 이 연습을 통해 당신이 삶에 나타나는 것들을 얼마나 견고하게 여기고 있는지 알 수 있다. 꿈이 진실을 보여주는 또 하나의 사례인 셈이다. 또한 이 연습은 '벽에 갇혔다'고 느끼거나 외부 환경에 의해 통제된다고 느끼고 싶어 하는 부분이 당신 안에 있음을 드러내기도 한다. 이는 또한 당신의 한 부분(내면의 붓다)은 자유를 원하는 반면 다른 부분(여전히 가둬둘 필요가 있는 내면의 짐승)은 그렇지 않다는 것을 보여주기도 한다. 자신이 경험하는 것들을 심판하지 마라. 그보다는 당신 자신에 대하여 배우는 데 이 연습들을 활용하라. 그것들이 당신의 맹점을 드러내게 하라.

책을 마치며

앞에서 이야기한 자각몽 꾸기의 모든 이득과 활동, 그리고 이 책에 실린 연습 과제들은 이 놀라운 꿈이 제공하는 무한한 잠재력을 독자에게 안겨줄 것이다. 자각몽 꾸기는 인간 발달의 새로운 지평을 여는 선구적인 모험이다. 자각몽 꾸기는 비주류에 속해 있지만 실은 이곳이야말로 진화가 이루어지는 곳이다. 신경과학자요 수면 연구가인 매튜 워커는 이렇게 말하고 있다.

"자각몽을 꾸는 사람들은 호모 사피엔스의 진화에서 다음 단계를 대표할 가능성이 있다. 이들 자각몽을 꾸는 사람들은 이 비범한 꿈꾸기 능력—즉 꿈에서 얻은 창조적 문제 해결의 빛으로 자신이나 인류가 직면한 문제를 비추고, 나아가 그 힘을 더욱 의도적으로 유리하게 활용할 수 있는 능력—으로 인해 미래에 우선적으로 선택될 것인가?"[38]

철학자이자 고생물학자인 떼이야르 드 샤르댕Teihard de Chardin은 바야흐로 의식이 진화의 행진을 이끌고 있다고 말했다. 진화는 멈추지 않았다. 단지 내면으로 이동했을 뿐이다. 밤이라는 자연의 통금 시간이 우리를 실내로, 나아가 잠을 통해 내면으로 데려갈 때 들어가게 되는 바로 그곳 말이다. 자각몽을 '메타 인지적meta congnitive 꿈'이라고도 하는데, '메타'는 '~ 너머' 또는 '~ 위에'라는 뜻으로 '메타 인지'란 '생각하는 것에 대해 생각하기' 또는 '인지한 것에 대해 인지하기'라는 의미이며, 자신이 알아차리는 것에 대해 알아차리는 것이다. 메타 인지적인 꿈은 일반적인 꿈 너머에 있다. 자각몽은 더욱 진화된 형태의 꿈인 것이다.

자각몽을 꿀 때 활성화되는 뇌의 부위(쐐기앞소엽, 배외측 전전두피질, 안와 전두피질 모두 메타 인지와 밀접한 관련이 있는 영역이다)와 최신 진화에서 가장 많이 확장된 부위 사이에는 중첩된 부분이 있다. 진화의 '최전선'이 문자 그대로 뇌의 전두엽과 전전두엽 영역(둘 다 머리의 앞쪽인 이마 부근에 자리하고 있다—옮긴이)에 나타나 있는 것이다.(유인원들에게는 이 전두엽 피질이 없기 때문에 이마가 급격하게 뒤로 기울어져 있다.) 정신 질환을 가진 사람들의 경우 뇌의 이 부위가 정상적으로 기능하지 못한다는 점도 설득력이 있다. 그러니 '정신이상자에서 신비가까지'의 스펙트럼에는 약간의 신경학적 근거가 있는 셈이다.

자각몽의 선구적 역할과 이것이 진화의 최전선에 위치한다는 점을 이해할 때, 우리는 계속해서 덤불을 헤치고 나아가도록 동기를 부여받을 수 있다. 자각몽 꾸기가 어렵고 시행착오가 맑게 깨어 있음으로 가는 길의 일부인 데는 이유가 있다. 그것이 바로 진화가 진행되는 방식이기 때문이다. 그리고 자각몽을 꾸는 사람들로서 우리가 발전해 나아가는 길도 이와 똑같다. 우리는 무엇이 효과가 있고 없는지를 확인한다. 넘어지고, 다시 일어선다. 어디로 가고 있는지 정확히 알지 못한 채 어둠 속에서 이리저리 비틀거린다. 하지만 자신의 진화에 관심이 있는 개척자들로서 우리는 절대 포기하지 않는다. 저 너머에서 바라보는 풍경, 기존의 꿈꾸기 방식 너머에서 펼쳐지는 장관은 실로 숨막힐 만큼 아름답다. 그것이 그 모든 덤불 헤치기를 '해볼 만한 것'으로 만들어준다.

그리고 기억하자, 당신 자신만을 위해서 이 일을 하는 게 아니라는 것을. 자각몽을 꾸는 이들은 다른 사람들이 따라올 수 있도록 인내심을 가지고 길을 닦고 있다. 자각몽을 꾸는 사람들은 밤의 어둠 속에서 자신에게 이르는 길을 개척함으로써, 미래로 가는 터널을 뚫고 있다. 다른 사람들도 따라서 빛으로 향할 수 있는 길을……

옮긴이의 말

신학생 시절, 농담과 진담을 잘 구별 못하는 천진스러운 후배가 하나 있었다. 그를 거짓말로 속이는 것이 우리 못난 선배들의 짓궂은 장난질이었다. 이를테면 여학생이 4층 도서관에서 너를 기다리고 있더라는, 누가 봐도 뻔한 거짓말로 속이는 거다. 급히 도서관으로 올라가는 그의 뒷모습을 보면서 우리는 쾌재를 부르곤 했다. 그렇게, 돌이켜 생각하면 부끄럽고 민망한, 장난질을 계속하던 어느 날 그가 웃으며 말했다. 처음 몇 번은 형들한테 속아 넘어갔지만 언제부턴가 형들이 자기를 속이는 줄 알면서도 자기가 속아주면 좋아하는 것 같아서, 그래서 일부러 속아주었다는 것이었다. 쥐구멍이라도 있으면 들어가고 싶은 심정이었다.

상대가 자기를 속이는 줄 모르고 속으면 정말 속는 거다. 하지만 상대가 자기를 속이는 줄 알면서 속아준다면 그건 속는 게 아니라 상대를 가지고 노는 것이다. 무엇을 안다는 것과 모른다는 게 이런 거다.

세상이 본디 헛된 세상인 줄 알고 자기가 헛된 삶을 살고 있다는 사실까지도 알았다면 그 사람 결코 헛된 삶을 산 게 아니다. 저 지혜의 왕 솔로몬이 그랬듯이.

꿈을 꾸면서 이게 꿈인 줄 아는 경우가 간혹 있다. 웬만한 사람이면 그런 경험 한두 번쯤 있었을 거다. 옛 어른들이 인생 일장춘몽이라 사람 산다는 게 한바탕 꿈이라는 말씀을 하셨고, 인도의 파람한사 요가난다 같은 사람은 온 세상이 하느님의 꿈이라는 말을 대놓고 하던데, 그 사람이 자기도 모르는 무엇을 공개적으로 얘기하는 거라고 우길 배짱이 없다면, 이 책에서 저자가 말하는 내용에 한 번쯤 귀기울여볼 만도 한 일이겠다.

회갑 년에 일년 삼백육십오일 이른바 묵언수행이라는 걸 하면서 하루도 거르지 않고 꿈을 꾼 적이 있었는데, 그 뒤로 여태까지 거의 날마다 무슨 정해놓은 일과처럼 꿈꾸기는 계속되고 있다. 처음부터 본인의 의지가 작용한 건 물론 아니었다. 아직 제가 원하는 꿈을 꾸거나 꿈의 내용을 연출할 만한 실력은 이 사람한테 없다. 그러므로 본인의 꿈에 관련하여 말할 무엇이 있다면 그 모두가 하늘이 베푸신 소중한 선물 같다는 고백이다.

"산은 산, 물은 물"이라는 한마디 말씀으로 대중에게 널리 알려진 해인사 성철 스님이 1960년대 중반쯤 어디선가 "보살의 수행이 깊어지면 꿈과 현실이 같아진다"는 말씀을 하셨는데, 대학생 수준으로 당최 무슨 얘긴지 모르겠던 그 말씀이 근 육십 년 세월이 흐른 이제 아하, 그 말씀이 이런 경우를 가리키는 건가 보다 짐작이 조금 드는 것도 이 사람한테 내리신 하늘의 소중한 선물들 가운데 하나라면 하나라 하겠다.

하긴 뭐 이게 다 어차피 살아야 하고 살지 않을 수 없는 인생, 이왕이면 건강하고 보람 있고 행복하게 살자는 염원에서 나온 산물 아니겠는가? 이 책을 옮긴 나에게는 옮기는 작업 자체가 신선한 즐거움이고 축복이었다. 이런 기회를 마련해 주고 그것으로 모자라 어지러운 번역문을 친절하게 손봐준 샨티출판사 친구들이 고마울 따름이다.

2023년 가을

충주 노은老隱에서

관옥

Bogzaran, Fariba, and Daniel Deslauriers, *Integral Dreaming: A Holistic Approach to Dreams* (New York: State University of New York Press, 2012).

Brown, David Jay, *Dreaming Wide Awake: Lucid Dreaming, Shamanic Healing, and Psychedelics* (Rochester, VT: Park Street Press, 2016).

Gackenbach, Jayne, and Stephen LaBerge, eds., *Conscious Mind, Sleeping Brain: Perspectives on Lucid Dreaming* (New York: Plenum, 1998).

Garfield, Patricia, *Creative Dreaming* (New York: Ballantine, 1974).

Gyatrul Rinpoche, *Natural Liberation: Padmasambhava's Teachings on the Six Bardos*, Translated by B. Alan Wallace (Boston: Wisdom Publications, 1998).

Hurd, Ryan, and Kelly Bulkeley, eds., *Lucid Dreaming: New Perspectives on Consciousness in Sleep*, 2 vols (Santa Barbara, CA: Praeger, 2014).

Johnson, Clare, *Complete Book of Lucid Dreaming: A Comprehensive Guide to Promote Creativity, Overcome Sleep Disturbances, & Enhance Health and Wellness* (Woodbury, MN: Llewellyn Publications, 2017).

Kingsland, James, *Am I Dreaming? The New Science of Consciousness and How Altered States Reboot the Brain* (London, Atlantic Books, 2019).

LaBerge, Stephen, *Lucid Dreaming: A Concise Guide to Awakening in Your Dreams and in Your Life. Boulder* (CO: Sounds True, 2004).

LaBerge, Stephen, *Lucid Dreaming: The Power of Being Awake and Aware in Your Dreams* (New York: Ballantine, 1985).

LaBerge, Stephen, and Howard Rheingold, *Exploring the World of Lucid Dreaming* (New York: Ballantine, 1990).

Morley, Charlie, *Dreams of Awakening: Lucid Dreaming and Mindfulness of Dream and Sleep* (London: Hay House, 2013).

Namkhai Norbu Rinpoche, *Dream Yoga and the Practice of Natural Light*, Edited and introduced by Michael Katz. Ithaca (NY: Snow Lion Publications, 1992).

O'Flaherty, Wendy Doniger, *Dreams, Illusion, and Other Realities* (Delhi: Motilal Banarsidass, 1997).

Sparrow, G. Scott, *Lucid Dreaming: Dawning of the Clear Light*, Virginia Beach (VA: A.R.E. Press, 1982).

Tenzin Wangyal, *The Tibetan Yogas of Dream and Sleep* (Boston: Snow Lion Publications, 1998).

Thompson, Evan, *Waking, Dreaming, Being: Self and Consciousness in Neuroscience, Meditation, and Philosophy* (New York: Columbia University Press, 2015).

Varela, Francisco J., ed., *Sleeping, Dreaming, and Dying: An Exploration of Consciousness with the Dalai Lama* (Boston: Wisdom Publications, 1997).

Waggoner, Robert, *Lucid Dreaming: Gateway to the Inner Self. Needham* (MA: Moment Point Press, 2009).

Wallace, B. Alan, *Dreaming Yourself Awake: Lucid Dreaming and Tibetan Dream Yoga for Insight and Transformation* (Boston: Shambhala, 2012).

Young, Serinity, *Dreaming in the Lotus: Buddhist Dream Narrative, Imagery, and Practice* (Boston: Wisdom Publications, 1999).

1   Robert L. Van de Castle, *Our Dreaming Mind* (New York: Ballantine Books, 1995), p. 457.

2   Marianne Williamson, *A Return to Love: Reflections on the Principles of "A Course in Miracles"* (New York: Harper Collins, 1992), pp. 190~191.

3   Ibid.

4   Melissa Dahl, "People Who Can Control Their Dreams Are Also Better at Real Life," *New York Magazine*, September 11, 2014. https://www.thecut.com/2014/09/lucid-dreamers-are-better-problem-solvers.html.

5   Clare R. Johnson, "Magic, Meditation, and the Void: Creative Dimensions of Lucid Dreaming," in *Lucid Dreaming: New Perspectives on Consciousness in Sleep*, vol. 2: *Religion, Creativity, and Culture*, edited by Ryan Hurd and Kelly Bulkeley (Santa Barbara, CA: Praeger, 2014), p. 65.

6   Janine Chasseguet-Smirgel, "Creative Writers and Day-dreaming: A Commentary," in *On Freud's Creative Writing and Day-dreaming*, edited by Ethel Spector Parson, Peter Fonagy, and Servulo Figueira (New Haven, CT/London: Yale University Press, 1995), p. 113.

7   Johnson, "Magic, Meditation, and the Void," p. 48.

8   Ibid., p. 65.

9   Daniel Erlacher, "Practicing in Dreams Can Improve Your Performance," *Harvard Business Review*, April 2012. https://hbr.org/2012/04/practicing-in-dreams-can-improve-your-performance.

10   Kelly Bulkeley, "Lucid Dreaming and the Future of Sports Training,"

Psychology Today, May 8, 2015. https://www.psychologytoday.com/us/blog/dreaming-in-the-digital-age/201505/lucid-dreaming-and-the-future-sports-training.

11   Stephen LaBerge, *Lucid Dreaming: A Concise Guide to Awakening in Your Dreams and in Your Life* (Boulder, CO: Sounds True, 2004).

12   D. T. Jaffe and D. E. Bresler, "The Use of Guided Imagery as an Adjunct to Medical Diagnosis and Treatment," *Journal of Humanistic Psychology 20* (1980), pp. 45~59.

13   "Some People Are Using Lucid Dreams to Be More Productive While They Sleep," *Business Insider*, August 18, 2014. https://www.businessinsider.com/inside-lucid-dreaming-2014-8/lightbox.

14   Rainer Maria Rilke, *Letters to a Young Poet* (New York: Random House, 1984), p. 91.

15   Stephen LaBerge, *Lucid Dreaming: A Concise Guide to Awakening in Your Dreams and in Your Life* (Boulder, CO: Sounds True, 2004), p. 58.

16   Namkhai Norbu, *Dream Yoga and the Practice of Natural Light*, edited and introduced by Michael Katz (Ithaca, NY: Snow Lion, 1992), p. 41, 61.

17   Johnson, "Magic, Meditation, and the Void," p. 60.

18   B. Alan Wallace, *Dreaming Yourself Awake: Lucid Dreaming and Tibetan Dream Yoga for Insight and Transformation* (Boston, MA: Shambhala Publications, 2012), pp. 132~133.

19   Sergio Magaña, *The Toltec Secret: Dreaming Practices of the Ancient Mexicans* (New York: Hay House, 2014), p. 47.

20   Johnson, "Magic, Meditation, and the Void," p. 63.

21   Nicholas D. Kristof, "Alien Abduction? Science Calls It Sleep Paralysis," *New York Times*, July 6, 1999.

22   Michael Finkel, "Want to Fall Asleep? Read This Story," *National Geographic*, August 2018, p. 66.

23   Matthew Walker, *Why We Sleep: Unlocking the Power of Sleep and Dreams* (New York: Scribner, 2017), p. 8.

24   Stanford Center for Sleep Sciences, "Exploring New Frontiers in Human Health," *The Stanford Challenge.*

25   Finkel, "Want to Fall Asleep?," p. 77.

26   Rick Hanson and Richard Mendius, *Buddha's Brain: The Practical Neuroscience of Happiness, Love, and Wisdom* (Oakland, CA: New Harbinger Publications, 2009).

27   Patricia Garfield, *Creative Dreaming* (New York: Ballantine, 1974), p. 200.

28   Elisabeth Rosen, "Virtual Reality May Help You Control Your Dreams," *Atlantic*, September 15, 2016. https://www.theatlantic.com/science/archive/ 2016/09/virtual-reality-may-help-you-control-your-dreams/500156/.

29   Ibid.

30   Ibid.

31   Michael Gershon, *The Second Brain: The Scientific Basis of Gut Instinct and a Groundbreaking New Understanding of Nervous Disorders of the Stomach and Intestines* (New York: Harper, 1998).

32   Candace Pert, *Molecules of Emotion: The Science Behind Mind-Body Medicine* (New York: Scribner, 1997), p. 141.

33   David Jay Brown, *Dreaming Wide Awake: Lucid Dreaming, Shamanic Healing, and Psychedelics* (Rochester, VT: Park Street Press, 2016), p. 217.

34   S. LaBerge, K. LaMarca, and B. Baird, "Pre-Sleep Treatment with Galantamine Stimulates Lucid Dreaming: A Double-Blind, Placebo-Controlled, Crossover Study," *PLoS ONE* 13, no. 8 (2018): e0201246. https://doi.org/10.1371/journal.pone.0201246.

35   Charles D. Laughlin, *Communing with the Gods: Consciousness, Culture and the Dreaming Brain* (Brisbane, Australia: Daily Grail Publishing, 2011), p. 65.

36   Ibid., p. 63.

37   James Kingsland, *Am I Dreaming? The New Science of Consciousness and How Altered States Reboot the Brain* (London: Atlantic Books, 2019), p. 50.

38   Walker, *Why We Sleep*, p. 234.

산티의 뿌리회원이 되어
'몸과 마음과 영혼의 평화를 위한 책'을 만들고 나누는 데
함께해 주신 분들께 깊이 감사드립니다.

산티 이메일로 이름과 전화번호, 주소를 보내주시면 산티의 신간과 각종 행사 안내를 이메일로 받아보실 수 있습니다.

이메일 : shantibooks@naver.com
전화 : 02-3143-6360 팩스 : 02-6455-6367